Richard Schillmann

Die Entdeckung Amerikas durch Christoph Columbus am 12. Oktober 1492

Richard Schillmann

Die Entdeckung Amerikas durch Christoph Columbus am 12. Oktober 1492

ISBN/EAN: 9783743416338

Hergestellt in Europa, USA, Kanada, Australien, Japan

Cover: Foto ©ninafisch / pixelio.de

Richard Schillmann

Die Entdeckung Amerikas durch Christoph Columbus am 12. Oktober 1492

Die Entdeckung Amerikas

durch

Christoph Columbus

am

12. Oktober 1492.

Eine Jubelschrift

von

Dr. Richard Schillmann.

Mit dem Bildnis des Columbus und einer Karte zu dessen Reisen.

═══════════

Berlin 1892.

Nicolaische Verlags-Buchhandlung
R. Stricker.

Steure, muthiger Segler! Es mag der Witz Dich verhöhnen,
   Und der Schiffer am Steu'r senken die lässige Hand.
Immer, immer nach West! Dort muß die Küste sich zeigen,
   Liegt sie doch deutlich und liegt schimmernd vor Deinem Verstand.
Traue dem leitenden Gott und folge dem schweigenden Weltmeer!
   Wär' sie noch nicht, sie stieg' jetzt aus den Fluthen empor.
Mit dem Genius steht die Natur in ewigem Bunde;
   Was der eine verspricht, leistet der andere gewiß.

                                        Schiller.

Vorwort.

Ich wollte die merkwürdigen Ereignisse, die vor vierhundert Jahren stattfanden, alle Welt lebhaft beschäftigten und so unermeßliche Folgen hatten, dem deutschen Volke und seiner Jugend einfach und schlicht, aber ausführlich erzählen.

Daß ich voraufgehen ließ, was vor der Entdeckung Amerikas geschehen war, um die Kenntnis von der Erde zu erweitern und kurz hinzufügte, was ihr unmittelbar folgte, wird, wie ich hoffe, gebilligt werden.

Das Bild wird dem Buche zum Schmucke gereichen, die Karte dem Leser die Wege zeigen, welche die großen Entdecker eingeschlagen haben.

Berlin, im Juli 1892.

Dr. Sch.

Inhalt.

		Seite
I.	Allmähliche Erweiterung des Wissens von der Erde	1
II.	Die große Zeit der Entdeckungen	13
	1. Der Weg der Portugiesen um Afrika	13
	2. Der westliche Weg nach Indien	21
	3. Christoph Columbus	22
III.	Die Entdeckung Amerikas	27
	Erste Fahrt des Columbus	27
	Zweite Reise des Columbus 1493—1496	36
	Dritte Fahrt des Columbus 1498	41
	Rückkehr nach Hispaniola	44
	Die Rückkehr in Ketten	45
	Vierte und letzte Reise 1502	47
	Letzte Lebensjahre	53
	Der Name Amerika	56
	Balboa bringt bis zum großen Ocean vor	57
	Ferdinand Cortez	58
	Die Eroberung von Peru	71
IV.	Die erste Erdumsegelung	77
V.	Die Nordwest- und Nordostpassage	82
	Die nordwestliche Durchfahrt	82
	Die nordöstliche Durchfahrt	85

I. Allmähliche Erweiterung des Wissens von der Erde.

Lange Zeit lag die Oberfläche unserer Erde vor ihren Bewohnern im Dunkeln. Der Blick der Jäger und Hirten reichte nicht weit über die Jagdgründe und Weideplätze hinaus. Erst als die Stämme zu Völkerschaften anwuchsen und nun sich räumlich weiter auszubreiten gezwungen waren, erweiterte sich auch der geographische Gesichtskreis. Verschiedene Völkerschaften traten miteinander in Berührung, sei es, daß sie sich bekämpften oder zu gemeinsamen Unternehmungen verbanden. Sie tauschten die Erzeugnisse ihrer Länder aus und lernten so einander kennen nach Land und Leuten, Sprachen und Sitten. Sehr allmählich tritt also die Erde aus dem Dunkel hervor. Weitere Räume umspannt der Blick, seit der Schiffer die Küste losläßt, an die er sich lange geklammert, und in das weite Meer hinaussegelt. Nun gliederte sich die Oberfläche der Erde in Massen des Landes und des Wassers; die Umrisse der einzelnen Teile werden bekannt, und so entsteht endlich ein Bild von der Erde.

Es wäre aber irrtümlich, zu glauben, daß das Wissen von der Erde sich von einem Punkte aus, etwa vom Mittelpunkte eines Kreises radienförmig nach allen Seiten hin verbreitet habe; im Gegenteile, es blieben oft ganz nahe liegende Gegenden unbekannt, während sehr ferne helle Erleuchtung erfuhren. Auch geht gewonnene Kenntnis verloren und muß sehr mühsam wieder gewonnen werden.

So hat es lange Jahrhunderte gewährt, ehe der menschliche Blick das ganze Erdrund umspannen lernte. Von diesem allmählichen Wachsen der Kenntnis von der Erde berichtet uns die Geschichte der Erdkunde, die schon deshalb hohen Genuß gewährt, weil die Erweiterung des geographischen Wissens zusammenfällt mit der Entwickelung der Kultur und ihrer Verbreitung über die Erde. Sie zeigt uns den einsamen Forscher wie den kühnen Seefahrer, der in das unbekannte Meer hinausfährt, den wagenden Kaufmann, der in die Ferne zieht, Güter zu suchen und zugleich mit ihnen das „Gut" in die Heimat bringt, und den begeisterten Glaubensboten, welcher freudig das Leben wagt, um dem Heiden das Heil zu bringen.

Unseres Wissens waren es die um das Becken des Mittelmeeres oder doch in seiner Nähe wohnenden Völker, welche die Kenntnis von der Erde zuerst beträchtlich erweiterten. Lag doch das östliche Mittelmeer an der Schwelle zweier Welten, einer östlichen und einer westlichen, war es doch von seinen Gestaden leicht, nach beiden Seiten vorzubringen. Daher ist es auch gekommen, daß die Namen dieser beiden Erdteile aus der Sprache der Bewohner jener Gegend herrühren; denn das Wort Asien sowohl wie der Name unseres Erdteiles ist semitischen Ursprungs; jener bedeutet in seinem Kerne „Aufgang", also den Osten, dieser „Untergang", den Westen, wie ja auch die Römer jene beiden Himmelsgegenden mit „Orient" und „Occident" bezeichnen.

Die Heilige Schrift macht uns nicht nur mit dem Volke der Israeliten, sondern auch mit seinen Nachbarn bekannt; sie erzählt uns ferner von der Einwanderung einer Familie in das Kornland Ägypten und von der Rückwanderung einer zahlreichen Nachkommenschaft in das gelobte Land; die spätere Geschichte Israels bringt uns Kunde von Vorderasien, dem Tieflande des Euphrat und Tigris, dem iranischen Hochlande und Andeutungen von dem dahinterliegenden Wunderlande, wo die Gewürze wie Gold und Edelgestein heimisch sind.

Die Ägypter, obgleich in ihr enges Nilthal eingeschlossen und daher ein eingezogenes Leben führend, traten doch von Zeit zu Zeit aus der Enge der Heimat heraus. Die Kriegszüge ihrer Könige führten sie nilaufwärts nach Nubien und Habesch, nordwärts nach Syrien, Kleinasien. Mögen auch ihre Schiffe Indien nicht erreicht haben, denn die Ägypter waren wasserscheu, so lag doch dieses Land in ihrem geographischen Gesichtskreise, denn seine Erzeugnisse kamen zu ihnen. Die Natur ihres Landes wie seine staatlichen Einrichtungen nötigten die Ägypter, sich Kenntnisse zu erwerben, welche für die Geographie von großer Wichtigkeit sind; sie lernten das Land vermessen, die Höhenlage des Bodens bestimmen, um danach den Abfluß des Wassers zu regeln; die jährlich wiederkehrende Aufteilung des Bodens nach der Überschwemmung nötigte sie, Karten anzufertigen.

Dennoch blieben sie im großen und ganzen ein auf sich zurückgezogenes Volk, und haben zur Erschließung fremder Länder doch verhältnismäßig nur wenig beigetragen. Ganz anders geartet waren die Phönizier. Auch sie waren von Hause aus auf ein enges Thal angewiesen, aber auf der einen Längsseite war es das Meer, welches ihr Land begrenzte und den Blick in die Ferne zog. Die räumliche Enge, die Kargheit des Bodens, welche für die Menge des Volkes nicht hinreichende Nahrung hervorbrachte, wiesen sie auf Unternehmungen jenseit ihrer Grenzen hin.

Richteten sie nun den Blick nach Westen, so lag vor ihnen Kypros, die Kupferinsel, welche das im Altertum eine so große Rolle spielende Metall nicht nur in reicher Fülle bot, sondern auch leicht gewinnen ließ. So wurden Phönizier, indem sie das Kupfer mit Zinn mengen und so das Erz herstellen lernten, auf eine gewinnreiche Metallindustrie geführt. In dem östlichen Mittelmeere reiht sich Insel an Insel, gleichsam eine Brücke nach dem europäischen Griechenland bildend. Wenn der Schiffer hinüberfährt, verliert er das Land nicht aus dem Auge. Der nahe Libanon bot vortreffliches Schiffsbauholz. So kam es, daß die Phönizier ein Industrie=, ein Schiffer= und Handelsvolk wurden. Sie drangen nach Sicilien und Italien vor, zogen das mit Waren beladene Schiff an das Land, eröffneten den Markt und trieben gelegentlich auch Menschenraub. Bald stießen sie an die Nordküste Afrikas, wo sie Utika und Karthago gründeten, gelangten nach Spanien, dessen unterirdische Schätze sie ausbeuteten und wo sie Cadix erbauten. Überall legten sie Handelsplätze an, um zu kaufen, zu verkaufen und den Boden des Landes auszubeuten. Von hier aus haben sie die Straße von Gibraltar, „Säulen des Herkules", kennen gelernt und überwunden und den Atlantischen Ocean entdeckt. Fürwahr für jene Zeit ein bedeutendes Ereignis! Die findigen Handelsleute fuhren in dieses Meer ein, bogen um die Küste Spaniens herum und gelangten nordwärts steuernd bis zu den britischen Inseln. Hier handelten sie Zinn ein und den hochgeschätzten Bernstein. Der Handel munterte den Gewerbfleiß auf. Außer der Metallbereitung betrieben sie besonders die Weberei. Sie lernten die Wolle zu feinen Gewändern wie zu Teppichen verarbeiten und mit der kostbaren Purpurfarbe, die ihnen ihr Strand reichlich darbot, färben. Leicht fanden sie auch den Weg nach dem Osten, sie tauschten die Erzeugnisse Asiens, Europas, Afrikas aus. Ihre Handelskarawanen gingen zum Roten Meere, ihre Schiffe von dort nach Indien. Wir wissen aus der Bibel, daß König Hiorem von Thyros sich mit Salomon verband, um aus Ophir Gold, Elfenbein und kostbares Gewürz zu holen.

Unter den phönizischen Städten erhob sich Karthago zur ersten Handels= und Industriestadt der damaligen Welt. Die Karthager sind dann auch ihren Vorgängern auf den alten Handelswegen gefolgt und haben neue eingeschlagen. Sie verkehrten mit den Völkern Nordafrikas, sie eroberten unter dem großen Hamilkar und seinen Nachfolgern Spanien. Besonders merkwürdig ist die große Entdeckungsreise Hannos an der Westküste Afrikas. Er führte 60 Schiffe und 3000 Menschen an Bord, welche zur Besiedelung geeigneter Plätze bestimmt waren, fuhr an der heutigen marokkanischen Küste nach Süden, drang über die Küste der Sahara vor und gelangte bis zum Busen von Guinea. Er sah einen hohen Berg, welchen er den „Götterwagen" nannte, machte Bekanntschaft mit wilden, behaarten Menschen, erstaunte über die Behendigkeit, mit welcher sie über die Klippen kletterten. Drei Häute solcher Wesen — wahrscheinlich menschenähnlicher Affen — wurden in einem Tempel Karthagos noch lange aufbewahrt. Mangel an Lebensmitteln zwang Hanno zur Heimkehr von dieser Fahrt, welche etwa 500 Jahre vor unserer Zeitrechnung stattgefunden hat.

Die Phönizier haben höchst wahrscheinlich um 600 von Osten her Afrika umsegelt und damit lange vor den Portugiesen die Thatsache festgestellt, daß der Atlantische und der Indische Ocean sich im Süden dieses Erdteils die Hände reichen. Auf Befehl des ägyptischen Königs Necho, so erfuhr der griechische Geschichts- und Ländererforscher Herobot in Ägypten, gingen phönizische Schiffe vom Roten Meere aus, um Afrika zu umfahren und durch die Säulen des Herkules zurückzukehren; und sie führten das aus. Herobot zweifelt zwar selbst an der Wahrheit dieser Geschichte. „Ich glaube es nicht", sagte er, „mögen es andere glauben!" Und dieser Zweifel erwächst ihm aus der Behauptung der Phönizier, auf ihrer Fahrt sei es ihnen begegnet, daß sie die Sonne mittags im Norden erblickten. Von seinem Standpunkte aus hat er ganz recht, denn der geographische Blick der Griechen reichte über den Äquator nicht hinaus, und da mußte hier die Behauptung einer Erscheinung unglaublich erscheinen, die heute jedes Kind kennt. Umgekehrt konnten die Phönizier nach ihrer geographischen Kenntnis dergleichen nicht erfinden. Der große deutsche Geograph Karl Ritter bemerkt dazu: „Mangel an historischer Kritik kann sich ebenso sehr in unbegründetem Zweifel, als in zu leichtem Glauben kundgeben. Unwahrscheinliches liegt gar nicht in der Erzählung; ein sehr wichtiges Argument für die Wahrheit liegt in Herobots eigenem Zweifel an dem Berichte. — Waren sie aber jenseit des Wendekreises gekommen, über Mosambique und Sansibar hinaus, so war die Schwierigkeit für ihre Fahrt überwunden, und kein anderer Grund tritt dagegen auf, die Vollführung zu leugnen. Die Küstenströmungen Südafrikas und die Winde waren ihnen gegen Süden sogar günstig".

Es scheint auch, daß diese Umschiffung Afrikas aus der Erinnerung der Menschen nicht ganz verschwand. Die Phönizier wurden in der Arbeit, unbekannte Länder zu erschließen, von den Griechen abgelöst. Dieses hochbegabte, unternehmende und tapfere Volk folgte ihren Spuren nach Westen; es besiedelte Sicilien und Süditalien so dicht, daß man letzteres Großgriechenland nannte. So verließen, von den Persern gedrängt, die Phokäer ihre heimatliche kleinasiatische Küste, segelten nach Gallien und gründeten Massilia, das heutige Marseille. Von hier aus machte Pytheas, ein auf der Höhe der damaligen Wissenschaft stehender Mann, eine bemerkenswerte Reise nach dem Norden. Er fuhr an den Gestaden Spaniens, Frankreichs entlang, gelangte nach Britannien und erreichte als die nördlichste Insel „Thule", wahrscheinlich eine der Shetlandsinseln. „Er beobachtete sorgfältig die Himmelserscheinungen, bestimmte zuerst die Sternbilder des großen und kleinen Bären, die Lage des Nordpols und nördlicher Breiten.

Er lehrte zuerst den nördlichen Polarkreis bestimmen, denn er beschreibt das Phänomen, daß dort an einem Tage des Jahres die Sonne nicht untergehe. Er beobachtete die Ebbe und Flut der Nordsee und erklärte ihre Ursache. Er nennt zuerst Baltia, das Baltische Land und Meer und beschreibt den Fundort des Bernsteins am Baltischen Meere*)". Es mag dahin gestellt bleiben, ob er dieses vielbegehrte Harz an der pommerschen und preußischen oder an der jütischen Küste gesehen hat, wo es ja ebenfalls vorkommt. —

Ostwärts fuhren die Griechen durch den Hellespont und Bosporus in das Schwarze Meer, gründeten Niederlassungen an seinen Küsten, wie an denen des Asowschen Meeres und auf der Krimhalbinsel, dem „Taurischen Chersones"; zur Zeit der Perserkriege kannten sie nicht nur die Küsten des Mittelmeeres an allen seinen Gestaden, sondern ihr Wissen reichte tief nach Vorderasien hinein. Herobot, ein Grieche aus Kleinasien, unternahm weite Reisen zwar als Kaufmann, seine Teilnahme wandte sich aber auch den geschichtlichen, geographischen und ethnographischen Verhältnissen der Länder zu, welche er sah. Er besuchte Ägypten und befuhr den Nil bis Assuan, er gelangte zum Euphrat und Tigris, überschritt die persische Grenze und besuchte Susa. Kleinasien kannte er genau; er beschreibt die Städte an der Küste von Halikarnaß, seiner Vaterstadt, bis Tyrus und Askalon; er kannte das Volk der Kolchier am Ostrande des Schwarzen Meeres und erfuhr von dem Handel, den sie mit Indien trieben. Was er erkundete, schrieb er nieder und überlieferte es so der Mitwelt und Nachwelt.

Den fernen Osten zu erschließen, in dem das Wunderland Indien die Phantasie der Griechen so lebhaft beschäftigte, die zwischen ihm und dem Mittelmeere liegenden Länder für die griechische Kultur zu gewinnen, war dem großen Sohn dieses großen Volkes, dem Makedonier Alexander, vorbehalten. Um das so oft von den Persern angegriffene und verwüstete Griechenland zu rächen, unternahm der junge König seine Feldzüge, welche nicht nur für den Ruhm seiner Waffen, sondern auch für die Erkunde und die Verbreitung griechischer Bildung so erfolgreich wurden. Er schlug die Perser in Kleinasien in der Nähe des Marmarameeres, zog an der Küste des Mittelmeeres entlang, lernte die Städte der Phönizier kennen und drang vom Süden aus tief in das Innere der Halbinsel vor; nahm den Weg längs der syrischen Küste nach Ägypten, gründete das später zur Weltstadt erblühende Alexandrien und besuchte die Oase Siwa. Zurückgewendet gelangte er in die Niederung des Euphrat und Tigris, wo er dem morschen Perserreiche den Todesstoß versetzte. Er stieg zum iranischen Hochlande empor und besuchte die glänzenden Hauptstädte des persischen Reiches. Nordwärts sich wendend, drang er in das Gebiet des Amur und Sir ein und kam endlich zum Indus. Im Penschab wurde er durch den Widerstand

---

*) Ritter, Geschichte der Erdkunde. S. 477.

der sich heimwärts sehnenden Makedonier zur Umkehr bewogen. Er fuhr den Indus hinab und kehrte — freilich nur mit den Trümmern des Heeres — durch die Wüste Balubschistans nach Babylon zurück, während sein Admiral Nearch durch den Persischen Golf den Heimweg fand. Es kam Alexander darauf an, die unterworfenen Völker für die griechische Kultur zu gewinnen; er gründete in Vorderasien 70 Griechenstädte, Heimstätten griechischer Sprache und Gesittung. Alexander freilich sah die Saat, die er ausgestreut hatte, nur eben noch aufgehen, denn ein früher Tod riß ihn mitten aus seinen noch viel weiter gehenden Entwürfen heraus; aber seine Nachfolger, besonders die Ptolemäer in Ägypten, die Seleuciden in Syrien setzten sein Werk fort. Die griechische Sprache wurde die Sprache der gebildeten Welt; griechische Kunst verbreitete sich im Nillande wie in Vorderasien.

Zur Zeit Homers hatte die Erde den Griechen als eine Scheibe gegolten mit etwas erhöhtem Rande, etwa von der Gestalt eines Tellers; sie war vom Okeanos umflossen, aus dem alle Ströme entsprangen und in den sie alle mündeten. Auf Säulen hinter dem Ocean ruhte das glänzende Himmelsgewölbe; in der Frühe stieg der Sonnengott von Osten her mit dem feurigen Gespanne am Himmelsgewölbe empor und dann wieder abwärts zum Abende. Solche Vorstellungen waren nun längst überwunden; die Ausdehnung der Erde von West nach Ost hatte sich in der Vorstellung der Griechen um das Doppelte vermehrt. Die Unterschiede der Klimen waren ihnen deutlich vor das Auge getreten. Was hatten nicht die Begleiter Alexanders, als sie in die Heimat zurückkehrten, zu erzählen von den Pflanzen, Tieren, Menschen, die sie gesehen! Es klang das vielen so ganz unglaublich, daß es bis in das Mittelalter hinein als Fabel und Lüge galt.

Um die Erforschung Afrikas machten sich besonders die in Alexandria thronenden Ptolemäer verdient. Den Spuren der Elfantenheerden folgten ihre Beauftragten bis zum Kap Guardafui und den Quellflüssen des Nils. Auch mit Indien wurden neue Handelsverbindungen angeknüpft, um Gold und Silber, Diamanten und Rubinen, Seide, Baumwolle und Gewürze zu beziehen. Sie stellten auch bereits Breitenmessungen an, um den Umfang der Erde zu bestimmen, und teilten ihre Oberfläche auch nach Längengraden ein. Ja, nicht allein, daß die Erde eine Kugel sei, war den Griechen geläufig geworden, eine Philosophenschule, die Pythagoräer, lehrten sogar, daß die Sonne im Mittelpunkte unserer Planetenwelt stehe und daß die Erde mit den andern Planeten sich um sie bewege.

Die Römer erweiterten die geographischen Kenntnisse besonders durch ihre Eroberungszüge; der Entdeckungseifer fehlte ihnen, auch waren sie kein Handelsvolk. Als Krieger lernten sie Sicilien, Nordafrika, Spanien, Gallien, Britannien, Germanien kennen, kamen durch Vorderasien bis zum Euphrat und Tigris, unterwarfen die Balkanhalbinsel, das Alpen=

und Donaugebiet. Zur Zeit der größten äußeren Machtentfaltung des Römerreiches traten hervorragende Geographen auf, Tacitus beschrieb Deutschland; der Blick des Strabo, eines Zeitgenossen des Augustus und Tiberius, reichte weiter. In seiner aus 17 Büchern bestehenden Geographie beschreibt er einen großen Teil Europas, Asiens, Afrikas; er schildert die Städte, die Völker, Heerstraßen; er wendet dem Verkehr, dem Handel und Wandel, den Sitten und Gebräuchen seine Aufmerksamkeit zu. Der bedeutendste Geograph des Altertums ist Claudius Ptolemäus, ein griechischer Astronom um die Mitte des zweiten Jahrhunderts nach Christi Geburt. Außer einem großen astronomischen Werke schrieb er eine vollständige Geographie. Er giebt Anleitungen für das geographische Zeichnen, Anlegen eines Kartennetzes, verlangte neben Breitenbestimmungen auch Längenbestimmungen. Zu seinen 8 Büchern zeichnete Agathodaemon aus Alexandria 27 Landkarten. Sie sind die Grundlage aller neuen Landkarten geworden. Ptolemäus besitzt ein ganz umfassendes Wissen; er kennt Arabien, Ceylon, die Sundainseln, Vorderindien, das Uralgebirge, die Wolga, Sina d. h. China mit dem gelben Flusse und den Weg dahin aus dem Euphrat= und Tigrislande, über Hyrkanien, Baktrien, über den Imaus. Besonders heimisch ist der Grieche im nördlichen und östlichen Deutschland, er nennt hier eine solche Menge von Ortschaften, daß Ostgermanien uns als bevölkertes Land erscheinen muß. —

Seit Cäsars Zeiten nahmen die Römer in den ihnen unterworfenen Ländern auch Messungen vor, welche freilich deshalb auf Genauigkeit keinen Anspruch machen können, weil die Zahlenergebnisse anfangs wohl meistens auf bloßen Schätzungen beruhen. Später wurden sie genauer. Für die Märsche der Truppen fertigten sie Marschrouten an und versahen sie auch mit Karten. Von diesen sogenannten Itinerarien hat sich die sogenannte Peutingersche Karte erhalten, welche die Heerstraßen durch das ganze römische Reich verzeichnet.

Es erstreckte sich das geographische Wissen des Altertums zur Zeit seiner höchsten Ausdehnung über zwei Dritteile unseres Festlandes, über das südwestliche Viertel Asiens, über das nördliche Drittel Afrikas.*)

Im Mittelalter wurden für die Erweiterung des Wissens von der Erde besonders wichtig die Völkerwanderung, die Ausbreitung des Christentums, die Eroberungen der Mohammedaner in Arabien, Syrien, Ägypten, im Euphrat= und Tigrislande, in Indien und auf den Inseln; die Ausbreitung des Islam in Afrika, besonders in den Atlasländern, über die Wüste hinaus bis tief in das Innere hinein. Für den Norden verschafften die Wikingerfahrten der Normannen einiges Licht; für Asien bis Sibirien und China hin waren die Handelswege der aufblühenden italienischen Republiken, Genuas, Florenz', Pisas, Venedigs von großer Bedeutung

---

*) Ritter, Geschichte der Erdkunde. Peschel, Geschichte der Erdkunde.

auch für die Kenntnis der Erde. Die Kreuzzüge machten auch Europa mit
dem Orient bekannt, erweckten durch die Berührung mit so verschieden
gearteten Völkern Teilnahme an den Wohnsitzen derselben, an ihren
Sitten und Gebräuchen. Die Völkerwanderung warf die alten Verhältnisse
Europas ganz um; alte Reiche verschwanden; durch die eingedrungenen
Volksstämme wurden neue gegründet. Und nicht bloß Europa erhielt
eine ganz andere politische Gestaltung, auch der Norden Afrikas blieb von
dieser Völkerströmung nicht unberührt. Die Wanderungen bewegten sich
zumeist in den Niederungen großer Ströme, besonders in dem Thale der
Donau. Die Mission war gezwungen, in das Innere der Länder ein=
zudringen, mit den Völkern in einen innigen Verkehr zu treten, um ihre
Zwecke zu erreichen.

Der sich immer weiter verbreitende Islam wurde ebenfalls für die Erd=
kunde von großer Bedeutung; in der Blütezeit der Kalifenregierung umfaßte
die geographische Wissenschaft der Araber die ganze alte Welt, von China
durch ganz Asien bis zum Westen Europas, Afrika bis zum Niger und
weiter hinaus. Timbuktu, um 1220 erbaut, ist eine arabische Handels=
niederlassung. Die Araber zeichneten sich durch ihr wissenschaftliches Be=
streben aus; so übersetzten sie die Schriftwerke der Griechen in ihre Landes=
sprache und machten sich mit dem Inhalte vertraut, während Westeuropa
von den Werken dieses hochbegabten Volkes noch wenig kannte. Die
Araber unternahmen auch weit gehende Seefahrten; auf dem Indischen
Ocean holten sie die Schätze Indiens, erhandelten die Seide von den
Chinesen, das Elfenbein aus Afrika. An der Ostküste dieses Erdteils
gründeten sie Niederlassungen wie Malinba, Mombas, Sofala, Mocambique.
Sie gelangten auf ihren weiteren Fahrten selbst nach China, wo sie das
Porzellan, den Thee und auch den Kompaß kennen lernten. Letzteren
verbesserte Flavio de Gioga in Amalfi. Das Zusammenströmen der
Gläubigen in Mekka aus der ganzen mohammedanischen Welt vermittelte
und vertiefte das geographische Wissen. So bildeten sich bei den Arabern
bedeutende Geographen heraus, sie nahmen auch hier das Wissen der
Griechen auf, übersetzten ihre geographischen Werke. Ebrisi, einer ihrer
berühmtesten Geographen, lebte am Hofe des Königs Roger II. von
Sicilien, der im Besitze einer silbernen Erdkugel war. Die Araber sind
in den mathematischen Wissenschaften, in der Naturkunde, der Medizin,
der Astronomie, der Baukunst im Mittelalter die Träger und Verbreiter
der Wissenschaft gewesen.

Die Erschließung des Nordens unseres Erdteiles war ein Werk der
Normannen. Die Raublust trieb sie aus Skandinavien, der rauhen,
armen Heimat, in die Ferne; sie suchten Frankreich, Deutschland und
Italien heim, sie wandten ihre starken, aus Tannen= oder Eichenholz er=
bauten, mit hohen Verdecken versehenen Schiffe auch nach dem hohen
Norden. „Ihre Seefahrten", sagt Ritter, „durch die Mitte der stürmischen

Oceane bezeugen ihre Kenntnis im Steuern und der Gebrauch der Segel, ihre Kunst, auch mit halbem Winde zu steuern. Statt des Kompasses diente ihnen der Flug geweihter Vögel. Doppelte Gefahren hatten sie in den Stürmen des Landes zu überwinden im Kampfe mit den Brandungen und Klippen, mit den Nebelmeeren, mit den Eisschollen und Eisflotten der polaren Seite der Erde. Daher war die Schifffahrt bei den Normannen auch das ehrenvollste Geschäft. Es führte zum Heldenruhme, es versammelte Gefährten; da gab es Ruhm, Beute und Herrschaft."

Sie fuhren nach Irland hinüber, nach den Faröerinseln, nach Schottland, den Orkaden und Hebriden. Im Jahr 867 wurde der Norwege Nabod durch Stürme nach Island (Eisland) verschlagen. Garbar umsegelte die Insel, Floete gab ihr den Namen, Ingulf und Leif ließen sich dort nieder. Bald folgten zahlreiche Normannen, um sich in dem neuen Freistaate heimisch zu machen. Es erblühte dort ein geistiges Leben, wie es die alte Heimat kaum kannte. Die nordische Sprache erhielt sich hier in ihrer Altertümlichkeit; die Ebbas mit ihren uralten Göttersagen lebten dort im Volksmunde weiter.

Unruhe und Lust an Abenteuern trieb die Normannen weiter. Erek Raude fand Grönland (das grüne Land) und lockte weitere Wikingerschwärme dorthin. Sie ließen sich nieder zunächst im Süden, dann aber auch an der Ost= und Westküste. Es entstanden dort Kirchen und Schulen; Grönland wurde ein selbständiges Erzbistum, das seine Petersgroschen in Walroßzähnen zahlte. Im Anfange des 15. Jahrhunderts verschwand es wieder aus der Geschichte; große Eismassen hatten sich vorgelagert und die Verbindung unterbrochen, Hungersnot und Krankheit die Bevölkerung ausgetilgt. Erst im Anfange des 18. Jahrhunderts fand Hans Egede das Land wieder. Zur Bekehrung der Eskimos, welche sich unterdes dort eingefunden hatten, wurden Herrenhuter Kolonien gegründet; die Dänen legten Handelsfaktoreien an.

Aber von dort aus haben die Normannen dasselbe Festland betreten, welches später von Columbus abermals aufgefunden wurde und den Namen Amerika erhielt. Es geschah das etwa 500 Jahre vor Columbus.

In Grönland hatte man lange von einem Flachlande gehört, welches im Südwesten liege und mit dichten Wäldern bedeckt sei. Das Land wurde von dem Isländer Björn zufällig aufgefunden, als er sich auf der Fahrt nach Grönland befand, wo sein Vater sich niedergelassen hatte; Stürme hatten ihn in diese Richtung geworfen. Er fand in der That ein Flachland ohne die Eismassen Grönlands und mit Wäldern bedeckt. Man vermutet mit Grund, daß er ungefähr die Stelle betrat, wo heute New=York steht. Auf der Fahrt nach Grönland landete er noch an mehreren Stellen des Landes, die er so beschreibt, daß man das heutige Neuschottland und Neufundland erkennen kann. Auf diese Kunde machte sich Leif, der älteste Sohn Erichs, des Entdeckers von Grönland, auf den Weg, fuhr südwärts und gelangte an ein Land, dessen Küstenrand mit großen Steinplatten belegt war; in der Ferne sah man landeinwärts Eisberge; er nannte es Hellluland. Es war Lobrador. Weiter nach Süden steuernd kam man an das Waldland Björns, das man an dem weißen Sandstreifen, der die Küste einschloß, erkannte. Es ist das heutige Neuschottland und Neubraunschweig im Süden der Mündung des Lorenzstromes. Weiter südlich fahrend fand man die wilde Rebe, nach welcher die Normannen dieses Land Winland nannten, weil ein Deutscher namens Tyrker, welcher aus einem Weinlande stammte, den Saft der Beeren für Wein erklärte*). Der fischreiche Fluß, welchen man darauf fand, mag der Hudson gewesen sein. Die Normannen siedelten sich hier an, brachten Vieh herüber, welches dort aber verwilderte. Leif giebt an, daß der kürzeste Tag nur 9 Stunden betragen habe, wonach das Weinland etwa unter dem 41° N. Br. gelegen hat, also etwa in der Höhe von New-York. Es ließen sich eine Anzahl von Normannen wieder unter Thorfinn nieder und blieben drei Winter (1007—1009) dort, dann aber gaben sie die Ansiedelung auf, weil ihnen die Eingebornen zu unbequem wurden. Man hat in Massachusetts am Taunon einen Schriftfelsen (Writing Rock) mit rohen Menschenfiguren und einer Schrift, die man für Runenschrift hielt, gefunden, aus welcher man den Namen Thorfinn entziffern wollte. Das würde ein sehr wichtiges geschichtliches Denkmal sein, leider scheint die Phantasie der Runenentzifferer auch hier allzu lebhaft gewesen zu sein. Zugleich mit der Kunde von Grönland verschwand auch Winland wieder aus dem Gesichtskreise der Europäer.

Um die Erschließung Asiens haben sich die italienischen Handelsstädte ein großes Verdienst erworben. Seit Dschingischan und Tamerlan in Asien ihre Dynastien gegründet hatten, erschlossen sich jene Handelswege bis tief nach Asien hinein, ja bis zur Ostgrenze dieses Erdteils. Es entwickelte sich überhaupt ein sehr lebhafter Verkehr zwischen Europa und den Sitzen der Mongolenherrscher; christliche Glaubensboten hatten ungehinderten Zutritt; Abenteurer aus aller Herrn Länder fanden sich dort ein. An dem Mittelpunkte der Mongolenherrschaft, der Hauptstadt Calacorum im Süden des Baikalsees, trafen sich europäische Gesandtschaften. „So reiste im Auftrage des Königs von Frankreich Ruysbroc nach Calacorum. Er ging über die Landenge von Perecop, zog längs des Asowschen Meeres fort, dann zum Kaspisee und zur Wolga, weiter zwischen dem Balkaschsee und dem Thianschan, gelangte in die Wüste Gobi und erreichte dann Calacorum, einen ärmlichen Ort, aber Mittelpunkt einer Herrschaft, die vom Ostrande der alten Welt bis zur Donau reichte." Hier machten die Europäer auch die Bekanntschaft der Chinesen, Chitanen genannt, aus dem Land Chatain, welches später die Spanier

---

*) Es war vitis prolifera.

auf dem westlichen Seewege zu erreichen strebten. Kaufleute, Missionare sind auf den so erschlossenen Handelsstraßen durch Asien gezogen. Keine dieser Unternehmungen ist aber berühmter geworden, als die der venetianischen Kaufleute Poli; besonders die des Marco Polo.

Der Vater und der Oheim dieses bedeutendsten der geographischen Reisenden des Mittelalters hatten dem Neffen vorgearbeitet. Sie waren über Konstantinopel in das Mongolenreich vorgedrungen. Der Fürst Kublay nahm sie nicht nur freundlich auf, sondern er gab ihnen auch Briefe an den Papst mit, in denen er um Lehrer in den freien Künsten bat. Sie unternahmen dann eine zweite Reise (1254), auf welcher Marco sie begleitete. Sie brachen an der Küste Kleinasiens auf, zogen durch Armenien am Ararat vorbei nach Mosul, Bagdad, Basra, zu Schiffe nach Ormuz, dann durch Persien, nördlich am Hindukusch vorbei über das Pamirplateau, das „Dach der Welt". So gelangten die Reisenden in das Becken des Tarim, der zum Lob=Nor fließt, nach Yarkand, durch die Wüste Gobi nach Cathay d. h. China. Sie bewunderten überall die zahlreichen Dörfer und volkreichen Städte. Der Mongolenfürst nahm sie in seiner neuen Residenz Peking, in der Nähe der alten Cambalu jüngst erbaut, freundlich auf, schenkte Marco in dem Grade sein Vertrauen, daß er ihn in die südlichen Provinzen des Reiches entsandte und ihm dort eine Statthalterei übergab. So durchstrich Marco Polo als der erste europäische Reisende China von Nord nach Süd, überschritt die beiden großen Ströme des Landes, kam bis zum Irawaddi und hörte hier von den Landschaften Bengalen, Tonkin, auch von Zipangu (Japan). So konnte er zuerst das Wunderland China, seine Millionen von Einwohnern, seine mächtigen Städte, seine Reichtümer als Augenzeuge beschreiben. Dieser Aufenthalt Polos in China währte 20 Jahre lang. Die Rückreise trat er in Begleitung einer mongolischen Prinzessin an, welche als Braut einem persischen Prinzen zugesandt wurde; sie gelangten durch den Indischen Ocean nach Ormuz; von hier aus auf dem Landwege über Bagdad nach Trapezunt und dann nach Konstantinopel. Im Jahre 1297 langten die Reisenden in Venedig an*). Marco Polo geriet später in die Gefangenschaft der Genueser und fand dort Muße, seine Reiseerlebnisse niederzuschreiben. Seit dieser Zeit wurde die Phantasie der Europäer außer mit Indien, dem alten Wunderlande, auch mit Cathay und Zipangu beschäftigt. Der Bericht Marco Polos gab vor allen andern den Antrieb, Cathai und Zipangu auf einem westlichen Seewege aufzusuchen.

China wurde bald das Ziel zahlreicher christlicher Missionen, welche mit großem Erfolge arbeiteten; es bekam katholische Erzbischöfe, und die Franziskaner hatten in Peking ihr Ordenshaus.

---

*) Vergleiche die anziehende, durch die Berichte neuerer Reisenden belebte Schilderung dieser Reise bei S. Ruge, Geschichte des Zeitalters der Entdeckungen, S. 52 ff.

Das alles hörte auf, als die Mongolenherrschaft in China von der einheimischen Dynastie der Ming gestürzt wurde, welche sich den Fremden feindlich zeigte und allen Verkehr untersagte. Auch der nächste Landweg nach Indien war für die Europäer nicht mehr offen.

Um so mehr war der Wunsch berechtigt, dieses Land auf der See zu erreichen, und die Frage: ist Afrika im Süden umschiffbar trat je mehr und mehr in den Vordergrund. Die italienischen Kaufleute hatten auf ihren Handelsreisen nach den Niederlanden die Straße von Gibraltar passiert. Auf solchen Fahrten entdeckten sie die Kanarischen Inseln, auf ihren Seekarten traten auch Madeira und die Azoren auf. Die Europäer versuchten dann auch an der westafrikanischen Küste südlich über die Sahara vorzudringen, wo man ein Goldland vermutete, und hofften durch die Mündungen großer Ströme in das Innere Asiens vorbringen zu können. Die Phantasie der christlichen Völker wurde im Mittelalter lebhaft beschäftigt durch die Sage von einem christlichen Könige mitten im Heidenlande, dem „Priester Johannes". Man hatte ihn in ganz Asien gesucht und nicht gefunden, jetzt verlegte man seinen Sitz nach Afrika und vermutete ihn in Habesch, wo ja ein uraltes Christentum sich erhalten hatte. Durch jene Ströme, die man zu finden hoffte, wollte man zu ihm vorbringen, da man der Meinung war, sie ständen mit dem Nile in Verbindung. Wißbegierde, Handelsunternehmen, Eifer, die Ungläubigen zu bekehren, wirkten zusammen, neue Wege durch unbefahrne Meere und unerforschte Länder aufzufinden. Man drang denn auch an der Westküste Afrikas weiter vor, fand das Kap Verde, den Senegal, Gambia und gelangte zum Meerbusen von Guinea.

Es konnte nicht fehlen, daß die Erweiterung des geographischen Gesichtskreises durch Reisende und Seefahrer Männer der Wissenschaft mächtig anregte, das gewonnene Wissen zusammenzufassen und weitere Schlüsse darauf zu bauen. Solche Bestrebungen fanden in Venedig, dem damaligen Mittelpunkte des Welthandels, mächtige Anregung. Unter den Künsten, welche hier blühten, stellten sich die Zeichenkunst, der Holzschnitt und der Kupferstich besonders in den Dienst der Erdkunde. So entstanden Landkarten, welche Gemälden glichen. Anregungen gingen von hier aus auf andere Länder über. In Deutschland war es der große Künstler Albrecht Dürer, der dort Teilnahme an geographischen Darstellungen gewann. Sein Globus im Holzschnitt (Mappa mundi) ist aus dieser Anregung entstanden.

II. Die große Zeit der Entdeckungen.

1. Der Weg der Portugiesen um Afrika.

So war die Kenntnis von der Erde allmählich fortgeschritten, so sehr hatte sich die Teilnahme der Gebildeten ihr zugewandt, daß man mit Spannung Nachrichten von neuen Ergebnissen erwartete. In der That stand man vor einem Wendepunkte; man lüftete begierig an dem Vorhange, hinter dem man eine neue Welt ahnte.

Das Hauptaugenmerk blieb auf Indien gerichtet. Giebt es aus Europa einen ununterbrochenen Seeweg dorthin? Ist Afrika umschiffbar oder reicht sein Südende bis zu den südlichen Polarländern, um mit ewigem Eise dem Seefahrer den Weg zu versperren?

Ein großer Teil der Gebildeten vermutete das erstere; denn eine dunkle Kunde ehemaliger Umsegelung Afrikas hatte sich doch wohl erhalten.

Da ist es ein unsterbliches Verdienst des kleinen portugiesischen Volkes, dieser Frage ernstlich näher getreten zu sein, ihre Lösung mit einer bewunderungswerten Thatkraft verfolgt und endlich mit Geschick gelöst zu haben.

Man würde aber irren, wenn man für diesen Eifer, welchen die Portugiesen und bald darauf die Spanier entfalteten, nur wissenschaftlichen Forschungstrieb als Beweggrund annehmen wollte. Er wirkte schon mit, aber mächtiger war doch der Trieb, durch Handel Geld und Gut zu erwerben, in der Ferne neuen Grund zu legen zu einem sorgenfreieren Leben zu gelangen, als die Verhältnisse der Heimat gestatteten. Aber im Mittelalter fühlten sich die Menschen kaum zu großartigen Unternehmungen angetrieben, wenn nicht religiöse Beweggründe sie in Bewegung setzten. Heiden bekehren, das Christentum in die entferntesten Winkel der Erde tragen, die Menschen dem Papste, dem Haupte der Christenheit, unterwerfen, das waren die Haupttriebfedern, die den gläubigen Christen des Mittelalters allen Gefahren des Lebens trotzen ließen.

Der Kampf gegen die Ungläubigen hatte auch das kleine Portugal in Bewegung gebracht, seine Kräfte entwickelt, ja über alles Erwarten gesteigert. Die Portugiesen hatten die Araber aus ihrem Lande vertrieben, waren ihnen dann nach Afrika gefolgt, hatten ihnen Ceuta, Tanger entrissen und gaben trotz aller Macht der ungläubigen Feinde die Hoffnung nicht auf, sie zu unterwerfen und zum katholischen Glauben zu bekehren.

Ganz in dieser Richtung stand Prinz Heinrich, der dritte Sohn König Johanns des Ersten von Portugal. Er war Großmeister des Christusordens und glaubte die Schätze desselben nicht zweckmäßiger verwenden zu können, als zur Unterwerfung und Bekehrung der Ungläubigen. „Heinrich war ein Mann von hoher Gestalt, kräftigem und starkem Körperbau; seine Miene war ruhig, seine Rede fest; sein ernster Blick hatte etwas Zurückschreckendes für den, der ihn nicht kannte, etwas Wildes, wenn er in Zorn geriet. Ehrbarkeit herrschte in seinen Reden und Handlungen, Einfachheit in seiner Kleidung und Hofhaltung. Er war von großer Reinheit des Herzens und der Sitten. Er enthielt sich des Weines und des Umganges mit Frauen. Er besaß viel Beharrlichkeit und Gewalt über seine Leidenschaften; im Glück wie im Unglück war er bescheiden und leicht zum Vergeben geneigt."*) Sein klarer Geist erkannte, daß das vom Meer umspülte Portugal nur auf diesem Elemente eine außergewöhnliche Macht entfalten konnte. Nur eine schmale Enge trennte es von Afrika. Was wunder, daß der unternehmende Prinz auf die Nordseite jenes Erdteils seine ganze Thatkraft spannte. Die Ungläubigen zu unterwerfen, an der Westküste des unbekannten Erdteils Entdeckungen zu machen, dem Handel neue Gebiete zu erschließen, das waren Aufgaben, die wohl verdienten, daß man ihnen die volle Kraft eines Menschenlebens widmete.

Außer diesen sehr realen Zielen, jagte der Prinz aber auch der Truggestalt des „Priesters Johannes" nach. Vielleicht war er gar der Apostel Johannes, an dem Gott das Wunder gethan, daß er die Jahrhunderte hindurch am Leben geblieben war. Die Einbildungskraft der Christen wurde ja durch diese Sage mächtig angeregt, man hatte den König schon in ganz Asien vergeblich gesucht. Wenn sich sein Reich nun in Afrika befände? Hinter den Ländern der Mauren sollten ja noch weite Reiche mit blühenden Städten liegen. Wenn man Johann zum Bundesgenossen gewänne, wenn er die Mauren von Süden aus faßte, während Portugal sie von Norden her angriff? Prinz Heinrich der „Seefahrer", wie man ihn genannt hat, wurde von diesen verschiedenen Beweggründen auf die Seefahrt an der Küste Afrikas gerichtet, nur von einem nicht, welcher ihm fälschlich zugeschrieben ist. Für jetzt, im Anfange seiner Laufbahn, war das Ziel seiner Unternehmungen noch gar nicht die Auffindung eines Seeweges nach Indien durch die Umsegelung Afrikas. Erst mit dem wachsenden Erfolge wuchs er an ein so hohes Ziel heran.

Seine nächsten Zwecke verfolgte der Prinz aber mit dem Ernste eines

---

*) Ruge, Zeitalter der Entdeckungen.

Mannes, der die Schwierigkeiten wohl erkannt, die Mittel, sie zu überwinden, wohl erwogen hat und sie kräftig in Bewegung zu setzen entschlossen ist. Unweit des St. Vincentvorgebirges, der südwestlichen Spitze Europas, nahe dem Hafen Lagos, wo er seine Schiffe sammelte, rüstete, übte, springt eine Klippe in den Ocean vor; es ist die Felsenplatte von Sagres. Hier, vom Meere umrauscht, befanden sich seine wissenschaftlichen Anstalten zur Beobachtung des Himmels, eine Schule für angehende Seefahrer; hier wurden auch die Nachrichten gesammelt über den gegenwärtigen Stand der Erdkunde und ihre Fortschritte. Hier sammelte er den jungen thatenlustigen Adel Portugals um sich, aber auch Fremde verkehrten dort nicht selten, fanden gute Aufnahme, Belehrung und Anregung.

So begannen denn die so erfolgreichen Entdeckungsfahrten der Portugiesen an der Westküste Afrikas. Aber weit gefehlt, daß man in einem raschen Zuge vorgegangen wäre; man fühlte sich, die Küste sorgsam im Auge behaltend, langsam weiter, kehrte zurück, wenn man etwas Neues gefunden hatte, um nach einiger Zeit einen neuen Vorstoß zu unternehmen. Man gelangte zunächst nur bis zum Cap Bojador. Der Mangel an Buchten und Flußmündungen, die Küste, welche auf weite Strecken ungleich an das Meer nahe herantritt, die Nebel, die an diesen Küsten den Ausblick versperren, das alles konnte nicht ermutigen und schnell fördern. Im Gegenteile, der Zweifel erhob sich mächtiger, ob man überhaupt weiter vordringen könne. Unser deutscher Landsmann, der berühmte Martin Behaim aus Nürnberg, der sich an diesen Fahrten beteiligte, überschätzte ebenfalls die Schwierigkeit des Vordringens. Doch hat seine Geschicklichkeit ganz erheblich beigetragen, sie zu überwinden. Den Kompaß besaßen die Portugiesen wohl, auch ein Instrument, den Stand der Sonne zu messen und so den Ort auf der Erde zu bestimmen. Es war aber so schwerfällig, daß es auf dem Schiffe selbst nicht gebraucht werden konnte. Behaim verbesserte das Werkzeug, so daß es nun handlich und brauchbar wurde.

Dennoch behielt die Sache einen sehr langsamen Fortgang und wäre wohl stecken geblieben, wenn der Prinz nicht unaufhörlich vorwärts getrieben hätte. Man fand die Insel Porto Santo, und sah von dort gegen Süden einen dicken Nebel. Als man darauf losfuhr, entdeckte man die herrliche Insel Madeira; sie erhielt von den dichten Waldungen, mit denen sie bedeckt war, ihren Namen (Holzinsel). Der Wald geriet in Brand; sieben Jahre soll das Feuer gewütet haben. Aber die Asche düngte den Boden vortrefflich, auch das herrliche Klima kam den neuen Anpflanzungen vorzüglich zu statten. Der Prinz siedelte Portugiesen an, pflanzte Zuckerrohr und Wein. Die Kanarien waren in den Besitz der Spanier gekommen. Hier saß ein merkwürdiges Volk mit weißer Gesichtsfarbe und hellen Haaren. Es waren wahrscheinlich Deutsche aus der Zeit der Völkerwanderung, welche Wandertrieb oder widriges Geschick auf diese Insel verschlagen hatte. Man nannte sie Wandschen oder Guanchen, vermut-

lich waren es Vandalen, durch aus der pyrenäischen Halbinsel verjagte
Westgoten verstärkt. Sie stritten lange heldenmütig für ihre heidnischen
Götter, dann aber erlagen sie der spanischen Übermacht, welche mit der
Inquisition wie mit dem Schwerte gegen sie wütete.

Im Jahre 1431 wurden auch die Azoren (Habichtsinseln) aufgefunden;
einige Jahre später wagten die Portugiesen sich über das Kap Bojador
hinaus und erreichten den Wendekreis, darauf das Kap Branko, wo die
Insel Arguin einen willkommenen Ruhepunkt gewährte. Man gelangte
nach dem Kap Verde, den gegenüberliegenden Inseln und dem Gambia.
Mit Staunen sahen die Seefahrer hier eine andere Welt. Es hatte sich
im Altertum und bis zum Ende des Mittelalters die Vorstellung gebildet
und festgesetzt, die heiße Zone sei unbewohnbar; nun sah man hier einen
Reichtum des Pflanzenwuchses, wie ihn die Heimat nicht im entferntesten
zeigte. Im Gegensatze zu den weißen Dünen des Cabo branco erhebt sich
hier ein in den Ocean auffallend schlank hinausspringender Höhenrücken,
über dem sich die gefiederten Wipfel tropischer Palmen wiegen. Der An=
blick erfrischte wunderbar und stachelte den Eifer mächtig an. Es ent=
spann sich ein lebhafter Handel mit den Eingeborenen; die Erzeugnisse
Innerafrikas kamen von Timbuktu und anderen Gegenden an die Küste;
Gold, Elfenbein, Pfeffer, Kamele, Büffel, Straußeneier, Sklaven wurden
erhandelt; man hörte von zahlreichen Völkerschaften, welche hinter diesem
Küstenlande saßen. Der Prinz erfuhr mit der größten Teilnahme, wie
große Karawanen die Wüste durchzogen; es kam ihm nun auch eine
Karte Marco Polos zu Gesicht, auf welcher Afrika im Süden endete und
eine freie Verbindung von Ocean zu Ocean lief. Nun erst erhielt die
Hoffnung auf die Umschiffung des Erdteils mächtige Schwingen. Man
gelangte zur Sierra Leona, zum Kap Palmas, zur Küste Oberguineas,
zur Goldküste, fand die Insel Fernando Po.

Prinz Heinrich der Seefahrer schied bereits 1460 aus dem Leben, er
hatte das Ziel seiner unablässigen Arbeit nicht erreicht; er sah die Schätze
seines Erlöserordens, die so unerschöpflich erschienen waren, unter seinen
Händen schwinden, ohne Ersatz gefunden zu haben an den Schätzen Indiens.
Aber er hatte Ungeheures erreicht. Die Hälfte der Westküste Afrikas
war erschlossen; neuen Anstrengungen konnte der Erfolg nicht fehlen.

Unter den Königen Alfons V. und Johann II. wurden die Unter=
nehmungen fortgesetzt; eine päpstliche Bulle sicherte den Portugiesen den
Besitz der Länder an der westafrikanischen Küste. Wenn man auch in der
nächsten Zeit räumlich nicht weit vorwärts kam, so beutete man die Er=
werbungen desto eifriger aus. Portugiesische Wappensäulen wurden er=
richtet, Anpflanzungen gemacht, Niederlassungen gegründet, Handels=
verbindungen mit Negerfürsten angeknüpft. Leider erfuhr hier auch der
Sklavenhandel einen neuen Aufschwung; man kaufte die schwarze Ware
von den Häuptlingen oder veranstaltete selbst Sklavenjagden. Vergebens

suchten die Könige von Lissabon aus, dieser grausamen Habsucht zu steuern, indem sie eine mildere Behandlung der Eingeborenen empfahlen. Indessen gelangten die Seefahrer allmählich weiter, sie überschritten den Äquator, kamen zum Kongo. Es beburfte jetzt nur noch eines kräftigen Anlaufes, um das Ziel zu erreichen. Der Mann, bem diese Aufgabe gestellt wurde, war Bartholomäus Diaz, aus einer Familie, die bei diesen Küstenfahrten bereits Hervorragendes geleistet hatte. Denn Johannes Diaz hatte Bojador umsegelt, Diniz, das grüne Vorgebirge erreicht. Bartholomäus war ein Mann von seemännischer Tüchtigkeit, und er setzte sein Leben mit derjenigen Rücksichtslosigkeit für seine Aufgabe ein, welche den Helben macht und den schwierigsten Verhältnissen trotzt. Er fuhr 1486 in einem Zuge zum Kongo, erreichte nahe dem Wendekreise des Krebses die Walfisch-Bai und enblich den St. Helenenbusen. Hier aber faßte ihn der Sturm; das Steuer verlor die Gewalt; die Schiffe trieben in südwestlicher Richtung vom Lande ab. Als er endlich wieder Herr seiner Fahrzeuge wurde, lenkte er nach Osten zurück, traf aber die bisher von Nord nach Süd laufende Küste nicht mehr an. Er war über das Südende Afrikas hinausgeraten. Als er sich nun nach Norden zurückwandte, stieß er wieder an Land, und immer weiter nach Osten bringend, gelangte er an die Algoa-Bai. Er war auf Menschen gestoßen, Hottentotten, die mit ihren Viehherden davonflohen, sich aber an anderer Stelle mit den Waffen einer Landung wiedersetzten. Es konnte ihm nun kein Zweifel bestehen, daß er das Südende Afrikas erreicht habe, aber er wünschte eine Stelle zu finden, wo das Ergebnis der Schiffsmannschaft sichtbar vor Augen lag. Folgten diese doch mit sichtbarem Widerstreben seinen Befehlen, denn sie war überanstrengt; der Proviant fing an, knapp zu werden. Als sie jetzt stürmischer die Umkehr forderte, versprach er, nach drei oder vier Tagen zu wenden. Da das ersehnte Ergebnis nicht eintrat, kehrte er in der That um.

Es wird erzählt und ist wohl benkbar, daß er in seinem Schmerze die an der Algoa-Bai errichteten Wappenpfeiler umarmt habe, ehe er sich von ihnen trennte. Auf der Rückfahrt nach Westen sah er das weit vorragende Kap; er nannte es wegen der bort herrschenden Stürme „capo tormentoso". Sein König bezeichnete es als das capo da boa esperanza, „Vorgebirge der guten Hoffnung".

Länger als 16 Monate hatte biese erfolgreiche Fahrt gedauert; 270 Meilen neuen Gestades waren aufgeschlossen. Die große Frage, ob Afrika im Süden umschiffbar sei, ob also der Seeweg nach Indien offen stehe, war beantwortet (1486). Dem Namen Bartholomäus Diaz ist damit die Unsterblichkeit gesichert.

Übrigens erreichten die Portugiesen auch balb barauf auf dem Landwege Aden und von hieraus den Osten Afrikas, von wo ihnen die See nach Indien offen stand. In Habesch hatten sie einen christlichen König gefunden, in dem sie nun jenen lange gesuchten Priesterkönig wirklich erreicht zu haben glaubten.

Nach solchen Erfolgen hätte man die schleunige Ausrüstung einer neuen Flotte erwarten dürfen, um die Früchte so vieler Anstrengungen zu ernten. Allein es vergingen zwölf Jahre, ehe es dazu kam. Man muß dieses Zaudern wohl der Erschöpfung auf Rechnung setzen, welche nach Aufwendung so großer Mittel das kleine Portugal überkommen war. Aber längeres Zaudern konnte die große Gefahr herbeiführen, daß die Portugiesen die zu erntenden Früchte mit einer andern und dazu mächtigeren Nation teilen mußten. Denn es hatten sich nicht lange nach der Heimkehr des kühnen Diaz große Dinge ereignet. Mit einem kleinen spanischen Geschwader war der Genuese Christoph Columbus ausgefahren, um auf westlichem Wege Indien zu erreichen. Auf der Heimkehr von der ersten Fahrt wurde er durch Sturm genötigt, in den Hafen von Lissabon einzulaufen. Hier erzählte er, daß er sein Ziel, die Ostküste Asiens, wirklich erreicht habe. Es war das freilich ein Irrtum — dieser Irrtum hat ihn in das Grab begleitet — aber Kolumbus war so überzeugt von dem, was er sagte, daß die Portugiesen an der Wahrheit nicht zweifeln konnten.

Sie mußten sich nun beeilen, wollten sie nicht überflügelt werden; dennoch verzögerte sich die Ausrüstung einer neuen Flotte, welche König Emanuel, seit 1495 Nachfolger Johanns II., aussandte, bis zum Jahre 1497. Mit ihrer Instandsetzung war Diaz betraut worden, nicht aber mit ihrer Führung. Denn es war Grundsatz der portugiesischen Regierung, das Kommando wechseln zu lassen, um dieser oder jener Person nicht zu viel Einfluß zu gestatten oder zu viel Dank zu schulden. Aus diesen Gründen erhielt Diaz den Oberbefehl nicht; er durfte die Flotte nur eine Strecke begleiten; Vasco de Gama, der an die Spitze des neuen hoffnungsvollen Unternehmens gestellt wurde, war auch sicher ganz der Mann dazu, es zu einem glücklichen Ziele zu führen. Er war voll Einsicht, Erfahrung und männlicher Entschlossenheit. Er setzte die ganze Kraft eines Helden ein, um die sich häufenden Schwierigkeiten zu überwinden; er teilte alle Gefahren mit dem Schiffsvolke, wußte seinen Mut aufrecht zu erhalten, aber auch seinem Trotze zu begegnen. Denn als die Mannschaft einst murrend auf Rückkehr drang, erklärte er ihr fest und steif, er werde ihr den Willen nicht thun, es komme, was da wolle. Und die Gefahren blieben auch ferner nicht aus; in der St. Helenea-Bai fanden die Schiffe wohl einige Ruhe, aber auf der weiteren Fahrt umtobte der Sturm sie mit sich stets erneuernder Gewalt. Unter fortwährenden Stürmen erblickte man endlich das Kap; die brandenden Wellen übertönten aber den Trompetenschall, mit dem man es begrüßte, sie stürzten in die Schiffe und erfüllten sie mit Wasser. Über Menschenkräfte gehende Anstrengungen hatten die Mannschaft ganz erschöpft. Sie versagten den Gehorsam und begannen zu meutern. Aber Vasco de Gama beharrte unerschütterlich auf seinem Entschlusse, nicht umzukehren, ehe er Indien erreicht habe, und ließ die Rädelsführer der Meuterei in Fesseln legen. Endlich gelangte man zu einer sicheren Landungsstelle, wo man ausruhen, die Schäden der Fahrzeuge ausbessern und sich mit frischem Wasser versehen konnte.

So gelangte Vasco da Gama um Afrika herum und fuhr an der Küste in nordöstlicher Richtung weiter. Die Physiognomie der Landschaft wurde eine andere; weite Weiden ernährten große Viehheerden; ihre Herren, die Kaffern, benahmen sich freundlich. Endlich erreichte man den Sambesi. Hier stießen die Portugiesen zuerst auf die Spuren der Araber, mit denen sie bald sehr blutige Kämpfe zu bestehen haben sollten. Denn dieses betriebsame Volk beherrschte nicht nur den Handel an der Ostküste Afrikas, sondern auch an den gegenüberliegenden Gestaden Indiens; es sah daher die Ankömmlinge mit großem Mißbehagen an diesen Küsten auftauchen und war entschlossen, mit allen Mitteln zu hindern, daß sie sich dort einnisteten. An der Küste von Moçambique kam es schon zu offenen Feindseligkeiten. Freilich der Scheik jener Gegend kam selbst an Bord — eine stattliche Erscheinung in seiner faltenreichen, farbigen Tracht mit dem mächtigen buntseidenen Turban auf dem Haupte — bot Lebensmittel an und lud den Admiral ein, an das Land zu kommen. Zum Glück ging er nicht darauf ein, denn der Verrat lauerte hinter diesem freundlichen Entgegenkommen. Die Mannschaften, welche sich dem Lande näherten, um Wasser zu schöpfen, entgingen nur mit Mühe und Not dem Verderben. Derselben feindlichen Stimmung begegneten die Portugiesen auf der weiteren Fahrt. Erst in Malindi gelang es ihnen, Piloten zu gewinnen, die ihnen den Weg über den Indischen Ocean wiesen. Nach einer Fahrt von 22 Tagen gelangten sie ohne weitere Gefährde hinüber und landeten an der Malabarküste bei Kalikut (20. Mai 1498). So war das große Ziel endlich erreicht. Afrika umsegelnd, waren die Portugiesen an dem Wunderlande Indien angekommen. Es zu erobern und zu behaupten, das waren die nächsten Aufgaben; sie sollten heiße Kämpfe kosten, aber den Ruhm des kleinen Königreichs noch erhöhen.

Mehrere Fürsten teilten sich in die Herrschaft der Küste von Malabar, der Handel aber befand sich überall in den Händen der Araber Die Gesinnung, welche diese den Ankömmlingen entgegenbrachten, fand kräftigen Ausdruck in den Worten: „Schert euch wieder zum Teufel, von dem ihr gekommen seid!"*) Sie stimmten den Fürsten von Kalkutta auch bald um; hatte er sich zuerst den Fremdlingen gegenüber entgegenkommend bewiesen, so beging er nun offenbar Feindseligkeiten. Vasco de Gama fühlte sich nicht stark genug, um ihnen nachdrücklich zu begegnen, auch trieb es ihn wohl,

---

*) S. Ruge, S. 119.

die Kunde von seinem Erfolge nach der Heimat zu bringen. Er lichtete die Segel, fuhr zunächst nach Malindi und gelangte dann auf stürmischer Fahrt nach Lissabon. Die Nachricht von seiner Heimkehr war ihm doch vorangeeilt. Große und wohlverdiente Ehren wurden ihm zu teil, aber den Oberbefehl über die nächste Ausrüstung erhielt er jenem Grundsatze gemäß doch nicht, sondern Cabral, der unter Bartholomäus Diaz ein Schiff geführt hatte. Cabral wurde auf dieser Fahrt zufällig der Entdecker Brasiliens. Er hatte weiter nach Westen ausgeholt, war in den Äquatorialstrom geraten und von hier an jene sich vorwölbende Küste Südamerikas getrieben. Mit Mühe erreichte er von hier aus das Kap. In der Nähe desselben fand sein Entdecker Bartholomäus Diaz den Tod in den Wellen. Cabral erreichte Indien, bestand siegreiche Kämpfe mit den Arabern, beschoß Kalikut und kehrte mit reichbeladenen Schiffen heim.

Die Kämpfe der Portugiesen um die Herrschaft über Indien, die heldenmütige Ausdauer, die sie in ihnen bewiesen, die mächtigen Persönlichkeiten, welche im Vordergrunde dieser Ereignisse stehen, haben mit Recht die Bewunderung der Mit= und Nachwelt auf sich gezogen. Sie können aber an dieser Stelle nur kurz behandelt werden.

Nach Cabral erhielt Vasco de Gama wieder die Leitung der nach Indien bestimmten Flotte. Nachdem er an der Ostküste Afrikas den Arabern Achtung vor den portugiesischen Kanonen beigebracht hatte, setzte er den Kampf gegen sie an der indischen fort. Er nahm ihre Schiffe auf offener See fort und ließ Kalikut beschießen, um den Fürsten zu zwingen, die Araber von seinem Hofe auszuschließen. Der arme ratlose Fürst befand sich zwischen diesen und den Portugiesen wie zwischen zwei Feuern.

Cabrals Nachfolger, Alfons d'Albuquerque, wurde der eigentliche Begründer der Macht der Portugiesen an der indischen Küste. Er legte in Kotschin, etwa 10 Grad südlicher Breite, die erste portugiesische Befestigung an. Francesco d'Almeida ging darauf als Vicekönig nach Indien, ihn begleitete Magelhães, der spätere Weltumsegler. Auch deutsche Kaufleute, die Fugger und Welser in Augsburg, waren bei diesem Unternehmen beteiligt, indem sie ihre Bevollmächtigten Balthasar Sprenger und Hans Meyer mit den Portugiesen nach Indien gehen ließen. Almeida verfuhr mit den Arabern nicht anders wie seine Vorgänger, verbrannte ihnen eine ganze Flotte und verfolgte ihre Schiffe an der ganzen Küste. Sie vermieden diese nun, gingen vielmehr von Malakta, dem Mittelpunkte des Gewürzhandels, geradeswegs nach dem Roten Meere. Hier wie dort mußte man ihnen nun begegnen, wollte man ihren Handel wie ihren Einfluß lahm legen. Albuquerque, welcher Almeida ablöste, eroberte Goa und ließ alles, was er dort an Muselmännern vorfand, erbarmungslos niederhauen. Er suchte Malakka auf, nahm die Stadt nach verzweifeltem Widerstande und knüpfte nun dort direkte Handelsverbindungen an. Weiter gingen die Portugiesen nach Osten, gelangten nach Siam, Sumatra, Java und endlich auch nach China. Um die Macht der Araber an ihrer Wurzel zu fassen, unternahm der Vicekönig einen Zug nach dem Roten Meere; zwar der Sturm auf Aben mißlang, aber Ormus wurde erobert und mit einer Besatzung versehen.

Verleumbungen bewirkten die Abberufung Albuquerques. Der hochverdiente Mann sah die Heimat nicht wieder. Er starb in der Nähe von Goa und fand dort sein Grab. Auch Vasco de Gama, welcher ihm in der Statthalterschaft folgte, starb in Indien.

Unter den Nachfolgern wurde das portugiesische Machtgebiet in Indien nicht wesentlich erweitert. Es kam den Portugiesen am meisten darauf an, den Gewürzhandel in ihren Händen zu behalten. Sie drangen daher bis zu den eigentlichen Gewürzinseln, zu den Molukken Amboine und Banda vor. Den „goldenen Chersones", von dessen „goldenen Bergen" so viel gefabelt war, fanden sie freilich nicht, mit den Chinesen aber kamen sie in unmittelbare Handelsverbindung, erreichten Kanton, Nanking, Peking. Behauptet haben sie sich nur in Macao. Auch nach Japan gelangten sie.

Missionare folgten ihren Spuren, um das Christentum unter den Heiden dieser Ostländer zu verbreiten. Um die Mitte des 16. Jahrhunderts wirkte Franz Xaver mit Erfolg in Japan, andere Glaubensboten in China.

2. Der westliche Weg nach Indien.

Um die Wende des 15. Jahrhunderts stand für alle diejenigen, welche sich ernstlich mit der Erde beschäftigten, und das im Laufe der Jahrhunderte schwer errungene Wissen von derselben zusammenfassen konnten, die Thatsache fest, daß die Erde die Gestalt einer Kugel habe. War das aber der Fall, so konnte der Seeweg, der um Afrika herumführte, nicht der einzige sein, auf dem man nach Indien gelangen konnte. Schon Marco Polo hatte die Grenze Asiens im Osten kennen gelernt und das sie umschließende Meer gesehen. Wenn nun die Vorstellung dieses Meer und das Atlantische zu einem Ocean verband, so lag der Gedanke doch nahe, daß Ostasien auf dem westlichen Wege zu erreichen sei. Abgesehen davon, daß man von der Landmasse, die beide Meere trennt, keine Ahnung hatte, hätte man die Entfernung von den Küsten Westeuropas zu denen Ostasiens nur annäherungsweise richtig geschätzt, so würde man bei dem damaligen Stande des Seewesens kaum gewagt haben, diesen westlichen Weg zu betreten. Die Gelehrten jener Zeit litten aber an der Vorstellung, daß die Landentfernung zwischen Europa und Asien, also die östliche Erdseite, die bei weitem größere sei, die westliche dagegen die bedeutend kleinere. Sie unterschätzten also die Ausdehnung des Oceans, welchen sie zwischen dem Westen Europas und dem Osten Asiens als ununterbrochen annahmen, ganz wesentlich. Dieser Irrtum gab den Mut zu einem Unter=

nehmen, welches allerdings ein ganz anderes Ergebnis haben sollte, als man damals ahnte. Das Verdienst aber, zu diesem Unternehmen entschieden angeregt zu haben, muß dem gelehrten Geographen und Arzte Toscanelli zugesprochen werden. Er richtete einen Brief an den König von Portugal in dem er die Westfahrt bringend empfahl; auf einer beigegebenen Karte bezeichnete er auch den Weg, den man zu nehmen habe. Er verfehlte nicht, auf die Wichtigkeit des Unternehmens, auf die reichen Länder, die blühenden Städte Ostasiens, auf die Handelsvorteile, aber auch auf den Zuwachs aufmerksam zu machen, den das Christentum durch dieses Unternehmen gewinnen könnte. Die Krone Portugal ging nicht darauf ein, weil sie hinlänglich, ja über ihre Kräfte hinaus, an der afrikanischen Westküste beschäftigt war. Aber auf einen einsam grübelnden Mann, dessen Gedanken ebenfalls sich über dem Atlantischen Ocean bewegten, machte der Brief einen solchen Eindruck, daß er das letzte Bedenken schwinden ließ und sich zur Ausführung entschloß. Dieser Mann war der Genuese Christofero Colombo. —

3. Christoph Columbus.

Nicht plötzlich vollzieht sich der Fortschritt im Leben der Menschheit. Fruchtbare Ideen werden nicht heute ersonnen und morgen ins Leben geführt, sie reifen auch in wenigen Jahren nicht zur That, ja Decennien, oft Jahrhunderte gehen darüber hin, ehe sie verwirklicht werden. In stiller Kammer wird meist der Gedanke geboren, schüchtern wagt er sich an das Licht. Aber ist er kein Trugbild, sondern wahr und echt, so findet er Anklang, erst bei wenigen, dann aber in immer weiteren Kreisen. Viele arbeiten an seiner Ausreifung und Vervollkommnung; endlich ergreift er die Edelsten und Besten einer ganzen Zeitgenossenschaft.

Soll er aber zur That werden, so bedarf es eines Mannes mit warmem Herzen und starkem Willen, der entschlossen ist, alles an die Ausführung zu setzen, selbst das Leben.

Solch ein Mann war Christoph Columbus. Er hat den Gedanken, auf westlichem Wege Asien zu finden, nicht ersonnen, er hat den Weg dahin und seine Schwierigkeiten nicht klar erkannt, aber er hat die Idee mit ganzer Seele ergriffen und alles daran gesetzt, sie zu verwirklichen.

Von Columbus, wie die lateinische Form des Namens lautet, wissen wir mit Sicherheit, daß er aus Genua stammt; nicht so sicher sind wir über das Jahr seiner Geburt unterrichtet, weil wir es mit einander widersprechenden Angaben zu thun haben. Wahrscheinlich ist er 1446 geboren. Er war der Sohn eines Tuchmachers und hat in seiner Jugend das Handwerk des Vaters betrieben. Aber das seemächtige Genua regte sein junges Volk mächtig an, sein Glück auf dem Meere zu suchen. Auch der junge Columbus ging zur See und befuhr wohl längere Zeit die heimischen Gewässer. Für die weiteren Fahrten geben die Quellen wenig zuverlässige Auskunft. Wir finden ihn in England, von wo aus er eine Reise nach dem hohen Norden mitmacht. Ob er hier von den Fahrten der Normannen nach Grönland und Winland gehört hat, muß dahingestellt bleiben.

Die Erfolge der Portugiesen übten auch auf ihn ihre Anziehungskraft; er ist auf einem portugiesischem Schiffe bis Guinea gekommen. In Lissabon verheiratete er sich mit der Tochter eines Seemannes und nahm dann seinen Wohnsitz auf Porto Santo, wo er Muße fand, die Papiere des verstorbenen Schwiegervaters eifrig zu studieren.

Es ist sehr wahrscheinlich, daß Columbus hier die ersten Anregungen zu dem Plane erhielt, Asien in westlicher Richtung zu erreichen, denn bei den Insulanern fand er die Meinung ganz allgemein verbreitet, daß im Westen und zwar nicht in so großer Entfernung Land liege. Man schloß das aus mancherlei Anzeichen, Bäume fremder Art, ein bearbeiteter Stab, ein Leichnam mit fremder Hautfarbe sollten angetrieben sein, ja die lebhafte Phantasie in das Meer verschlagener Schiffer hatte sogar das Land gesehen. Man darf annehmen, daß sein Geist sich immer lebhafter nach Westen spannte und sein Verlangen, eine große Aufgabe zu lösen, immer brennender wurde. Der Brief Toscanellis mußte ihn in dem Glauben an ihre Lösbarkeit sicher befestigen. Die Frage wurde auch von anderer Seite lebhaft verhandelt; auf den Karten erschien die fabelhafte Insel Antilia; das Buch eines Franzosen, des Kardinals von Cambrai, Pierre d'Ailly, vertrat ebenfalls die Ansicht von dem geringeren Umfange der Westseite der Erde im Vergleiche mit der östlichen; aber es berührte noch eine andere Saite, die in der Seele des Genuesen so lebhaft klang, wie in der irgend eines Zeitgenossen. Der Erzbischof wollte nämlich wissen, daß das Paradies in jenen östlichen Gegenden liege und zwar auf einem hochragenden Berge, von dem mächtige Ströme herabbrausten, um sich in einen See zu stürzen. Wollte man diese Wunder schauen, so müßte man sich beeilen, denn auch das wußte der Erzbischof, der Untergang der Welt war nicht mehr in weiter Ferne. Man hüte sich zu glauben, daß solche Vorstellungen, weil sie in unserer so nüchternen Zeit nicht ernstlich gehegt werden können, nicht im Mittelalter ein ernster Antrieb gewesen wären, sich in die gefahrvollsten Unternehmungen zu stürzen. Mochten Columbus Wißbegierde, abenteuerlicher Sinn, Aussicht auf Ehre und Reichtum antreiben, sehr wirksam blieben in ihm auch religiöse Beweggründe. Zahlreiche Heiden bekehren, das Paradies auffinden, das waren Aufgaben, die ihn, der ganz ein Kind seiner Zeit war, lebhaft anreizten.

Im Jahre 1483 bot er seine Dienste den Portugiesen zur Auffindung Ostasiens auf westlichem Wege an, wurde aber abgewiesen. Man erzählte, es sei das geschehen, weil die Männer, denen die Prüfung seines Planes oblag, ihn für einen Abenteurer erklärten, da die Ausführung unmöglich sei; denn es habe ihnen nicht einleuchten wollen, daß der westliche Weg so kurz sei. Ist das wahr, so würde ihr Zweifel ihrer Einsicht alle Ehre machen. Aber es liegt doch ein anderer Grund der Abweisung näher. Die Portugiesen waren ja mit der Umschiffung Afrikas so voll in Anspruch genommen, daß sie keine Neigung haben konnten, sich auf neue Unternehmungen einzulassen, deren Erfolg wenigstens sehr zweifelhaft erscheinen mußte, und durch die sie außerdem mit sich selbst in Wettstreit getreten wären.

Columbus begab sich nun nach Spanien, um sich dort für die Erkundung des Westweges zur Verfügung zu stellen. Aber auch hier traf er auf ungünstige Verhältnisse, denn das Königspaar, Isabella von Castilien und Ferdinand von Aragonien, ganz erfüllt von dem Eifer für die Kirche, waren eben mit der Unterwerfung der Mauren beschäftigt. Dennoch fand er in Spanien ein aufmerksameres Ohr für seine Pläne und einen vornehmen Gönner, der ihn zwei Jahre in seinem Hause beherbergte. Columbus trat dort mit großer Sicherheit auf, stellte sich als ein auserwähltes Werkzeug der Dreieinigkeit dar und stützte sich für die Ausführbarkeit seines Unternehmens nicht nur auf Schriftstellen aus dem heidnischen Altertum, sondern auch auf Aussprüche der Propheten. Vielleicht war diese große Bedeutung, die er seiner Person beilegte, ein Grund, daß die Universität Salamanka sich nicht zu seinen Gunsten äußerte. Er wurde aber von dem Hofe nicht gänzlich abgewiesen, sondern mit freilich unbestimmten Aussichten hingehalten. So vergingen lange Jahre, in denen er auf günstigen Bescheid wartete. Wir bewundern die Ausdauer, in der er ausharrte, und den Mut, mit dem er immer wieder auf sein Ziel lossteuerte. Er heftete sich dem Königspaare sozusagen an die Sohlen, folgte ihnen an allen Orten und Enden, „begehrte, daß sie ihm sollten helfen zu rüsten und zu belasten ein Schiff, erbot sich, er wollte finden gegen den Niedergang Inseln, an Indien anstoßend, woselbst eine Menge von Edelsteinen, Spezereien und Gold leicht zu finden sei," wie ein alter Schriftsteller berichtet.

Seinem vornehmen Gönner gelang es endlich, ihm Zutritt zu der Königin Isabella zu verschaffen. Er gehörte seitdem zu dem Gefolge der Königin und erhielt nicht unerhebliche Geldunterstützungen. Doch herrschte am Hofe auch eine ihm feindliche Strömung; man tadelte sein selbstbewußtes Auftreten, fand seine Einbildungskraft stärker als seine geographische Kenntnis. Die Folge sollte lehren, daß seine Tadler in letzter Hinsicht nicht so ganz unrecht hatten. Dennoch machte man ihm vom Hofe aus auch fernere Versprechungen.

Aber die Aufmerksamkeit spannte sich damals ganz auf die Belagerung Granadas und die endliche Besiegung der Mauren. Columbus verlor die Geduld und beschloß, Spanien zu verlassen. Auf der Reise nach der Küste kam er, seinen Sohn Diego an der Hand führend, nach dem Kloster la Rabida. Auf einer kleinen Plattform hinter dem Klostergebäude bezeichnet ein steinernes Kreuz die Stelle, wo er, von Kummer gebeugt und von Hunger erschöpft, niedersank und die Mönche für sich und sein Kind um Brot und Wasser bat. Diese nahmen sich seiner mit Liebe an und schenkten auch der Entwickelung seiner Pläne ein aufmerksames Ohr. Im hohen Saale, aus dessen Fenstern man eine prachtvolle Aussicht auf das Meer genießt, konnte er diese auseinandersetzen. Ein gelehrter Physiker, den man hinzugezogen hatte, sprach sich günstig über sie aus, und im Kloster kam man zu dem Entschluß, die Abreise des seltsamen Mannes zu hindern. Man berichtete an die Königin, und diese versprach aufs neue, ihm die nötigen Mittel zu seiner Westfahrt zu gewähren. Nun war auch Granada gefallen und damit, wie es schien, das letzte Hindernis aus dem Wege geräumt.

Aber neue und fast unüberwindliche Hindernisse bildeten die maßlosen Forderungen, welche Columbus für seine Person stellte. Nicht nur, daß er das Amt eines Vicekönigs von Indien und eines Admirals des Oceans für sich in Anspruch nahm, er verlangte auch einen Teil der Einkünfte der zu entdeckenden Länder. Der spanische Hof war nicht abgeneigt, ihm einige dieser Forderungen zu gewähren, aber Columbus bestand auf den ganzen, und, als man ihm diese abschlug, machte er sich zum zweiten male auf den Weg, Spanien zu verlassen. Da endlich gab der Hof nach. Was Columbus gewährt wurde, war in der That so unerhört, daß man sich wohl fragen darf, ob der Hof ernstlich an die Erfüllung gedacht hat, besonders wenn man in das Auge faßt, daß ein ganzes Zehntel der königlichen Einkünfte aus dem Handel mit den Schätzen Indiens an Columbus fallen, daß die Würde eines Admirals in seiner Familie erblich sein sollte. Jedenfalls darf man annehmen, daß der Hof diese Zugeständnisse später bereute, und daß sie wie ein Gespenst zwischen ihm und Columbus standen. Die Unbill, welche dieser später erfuhr, wurzelt wenigstens zum Teil in diesem unnatürlichen Abkommen, ähnlich wie später der Zwiespalt zwischen Wallenstein und seinem Kaiser in der übermäßigen Vollmacht, die jener als Feldherr erhalten hatte.

Es wurde dem spanischen Hofe nicht leicht, das Geld für die Ausrüstung herbeizuschaffen; die Königin mußte borgen, und im Hafen von Palos, wo die Zurüstung und Ausstattung der Schiffe vor sich ging, noch die Schifferfamilie der Pinzone zuschießen, um alles gehörig herzustellen. So wurden drei Schiffe für diese weltberühmte, so folgereiche Fahrt zugerüstet.

Man stelle sich aber nicht die großen und starken Schiffe unserer Zeit vor, wenn man an jene Ausrüstung denkt; diejenigen, welche Columbus erhielt, waren kleine Fahrzeuge; nur die „Santa Maria", welche der Admiral selbst führte, hatte ein vollständiges Verdeck; die „Pinta" und „Nina", geführt von den Gebrüdern Pinzon, hatten nur vorn und hinten

Verdecke. Die Mannschaft, 120 Mann stark, war aus den Schiffern der nächsten Seeorte angeworben. So winzig war die Ausrüstung, mit welcher der kühne Mann sich anschickte, einen neuen Seeweg nach Indien zu befahren, und mit welcher er einen neuen Weltteil entdeckte.

Wir sähen auch gern die Männer, welche von großen Ideen erfüllt, ihr Leben dafür einsetzten und große Erfolge ihrer Thatkraft verdanken, körperlich vor uns stehen. Leider haben wir von Columbus kein zuverlässiges Bild. Wir wissen nur aus Beschreibungen, daß seine Gestalt hoch und kraftvoll war, daß sein Haar schon mit dem dreißigsten Jahr ergraute. Seine Gesichtsfarbe weiß und leicht gerötet, von Sommersprossen unterbrochen, hätte in ihm kaum einen Südländer erkennen lassen.

III. Die Entdeckung Amerikas.

Erste Fahrt des Columbus.

Es war am 3. August 1492, als die kleine Flottille in dem Hafen Palos in See stach. Wir sind imstande, an der Hand der Tagebücher des Columbus, ihn auf dieser aufregenden Fahrt zu begleiten. Sie begann mit allerlei Widerwärtigkeiten, welche man einer feindlichen Partei unter dem Schiffsvolke zuschrieb. So zerbrach am 6. August das Steuerruder der „Pinta" und geriet auch am folgenden Tage, nachdem es leicht wieder hergestellt war, in Unordnung. Als man der Kanarischen Inseln ansichtig wurde, haderten die Kapitäne darüber, an welcher der Inseln man anlegen sollte, ein Zeichen, daß die Pinzone sich nicht so unbedingt der Entscheidung des Columbus, eines Fremdlings, unterwerfen zu müssen glaubten. Um die Mannschaft, welche sich mit Schrecken immer weiter nach Westen getrieben sah, zu täuschen, schrieb Columbus geringere Entfernungen in das Schiffstagebuch. Er selbst behielt vollkommene Ruhe. „Die Luft," erzählt er, „war so angenehm, daß es eine Freude war, sie zu atmen; es fehlte nur der Gesang der Nachtigall, sonst hätte man träumen können, den Monat Mai in Andalusien zu feiern". Mit großer Spannung achtete man auf Zeichen am Himmel und auf dem Wasser, auf die Sternschnuppen, auf das Gras, welches in größeren Massen herantrieb, auf Fische und Vögel; aber der Admiral kam doch auch schon zur Ansicht, daß die Fahrt eine längere sein werde, als er vermutet hatte. Um die Mitte des September zeigten sich Vögel, welche auf die Nähe des Landes schließen ließen; man fing ein ermattetes Tier dieser Art mit der Hand, als es sich auf das Schiff niederließ; man wollte es für einen Flußvogel ansehen. Die Grasmassen wurden so stark, daß sie einer Wiese glichen; es war das Sargassomeer (Grasmeer, Mar de Zargasso), in welches man geraten war. Die Schiffe näherten sich dem Äquator; die Stille des Meeres machte die Schiffsmannschaft bedenklich, und sehr zu rechter Zeit für den Admiral erhob sich eine lebhafte Brise, wodurch die Unruhe sich sänftigte. Columbus hat mit der Ungeduld und der Furcht seiner Schiffsmannschaft viel zu kämpfen gehabt, aber die Erzählung von einer förmlichen Meuterei und der Bedrohung seines Lebens muß doch wohl in das Reich der Fabeln verwiesen werden.

Am Abend des 25. September wurde die Mannschaft in lebhafte Aufregung versetzt. Martin Alonso hatte den Mastkorb erstiegen und rief plötzlich mit freudiger Gebärde: „Gute Botschaft, gute Botschaft, ich sehe Land". Als Columbus ihn diesen Freudenruf wiederholen hörte, fiel er auf die Knie um Gott zu danken; die Matrosen kletterten in die Höhe, und da sie alle Land zu erblicken glaubten, so stimmten sie das Loblied an: „Gloria in excelsis". Der Admiral befahl die Richtung nach Süd=West einzuschlagen, in welcher man das Land gesehen hatte. Aber der klare Mittag des folgenden Tages offenbarte die Täuschung. Es war der Himmel gewesen, den man für Land angesehen hatte. Der Kurs wurde nun wieder nach Westen eingeschlagen. Scharen von Vögeln, welche sich auf den Schiffen niederließen, ermutigten wieder; denn es mußte nun ja doch Land in der Nähe sein.

Mit Staunen sahen die Spanier ihnen unbekannte Sterne. Alexander von Humboldt hat uns den Eindruck geschildert, den der südliche Stern= himmel auf ihn machte: „Seit wir in die heiße Zone eingetreten waren", schreibt er, „entzückte uns alle Nächte die Schönheit des südlichen Himmels, und je mehr wir vorrückten, entfalteten sich vor unsern Augen stets neue Konstellationen. Ich kann das wunderbare Gefühl nicht beschreiben, das den Menschen überkommt, welcher sich dem Äquator nähert, aus einer Hemisphäre in die andere übergeht, und welcher nun die Sterne ver= schwinden sieht, die ihm seit der ersten Kindheit vertraut waren."

So verging der September; man setzte die Fahrt in der gewöhnlichen Windrichtung fort und trieb immer weiter nach Westen. Wieder glaubte man Inseln zu sehen, ja der Admiral wähnte sich schon in der Nähe von Indien. Die Aufregung der Mannschaft mehrte sich, während die Schiffe einen Wettlauf begannen, da jedes von ihnen das erste sein wollte, von dem man das Land erblickte, damit ihm die Belohnung, welche das Königspaar demjenigen ausgesetzt hatte, der das Land zuerst sähe, nicht verloren gehe.

Es war am 7. Oktober, in der Frühe eines Sonntags, als von der Nina ein Schuß ertönte, als Zeichen des erblickten Landes. Auch das beruhte auf Täuschung, und man kann die Aufregung nachfühlen, in welcher die Gemüter der Menschen zwischen Hoffnung und Enttäuschung hin und her bewegt wurden. Vögelscharen umschwärmten die Schiffe, man erkannte in ihnen Krähen, Enten, Fischraben; die Luft war so köst= lich wie in Sevilla im Monat April und so balsamisch, daß es eine Lust war, sie einzuatmen, aber das Land wollte nicht erscheinen. Nach fünf=

tägiger Spannung und getäuschter Erwartung fing das Schiffsvolk an zu murren; Columbus suchte es zu beruhigen, indem er es auf die Vorteile hinwies, die ihm sicher bevorständen, aber er erklärte ihm auch, daß sein Murren ihn nicht bewegen würde umzukehren, da er fest entschlossen sei, mit Gottes Hilfe Indien zu erreichen.

Am 11. Oktober, einem Donnerstage, mehrten sich die Zeichen der Nähe eines Landes; denn es trieb grünes Rohr an, ein Brett, ein Stock, ein Baumzweig mit Dornen und Früchten. Diese Zeichen ermutigten die Mannschaft und erfüllten den Admiral mit Freudigkeit.

In der Nacht vom 11. zum 12. Oktober erblickte ein Matrose auf der Pinta, namens Rodrigo de Triana, Land, und nun erscholl wieder der verabredete Kanonenschuß. Columbus selbst erklomm den Mastkorb, sah freilich nur ein hin- und herflackerndes Licht, war aber nun sicher, am ersehnten Ziele zu sein. Er ließ nach der Abendandacht die Matrosen zusammentreten, teilte ihnen mit, was er beobachtet hatte und versprach dem Matrosen im Mastkorbe noch ein seidenes Gewand zu der königlichen Belohnung, wenn er Land sähe.

In großer Spannung erwartete man den Sonnenaufgang. Da lag vor ihnen eine kleine grüne Insel; nackte Bewohner liefen an den Strand. Sie nannten ihre Insel Guanahani. Merkwürdigerweise ist man heute darüber in Zweifel, welche der Lukaischen Inseln Columbus zuerst betreten hat, denn eine nähere Bestimmung hat er nicht gegeben. Nun begann die Landung unter großer Feierlichkeit. Der Admiral nahm das königliche Banner in die Hand, die beiden anderen Kapitäne Fahnen mit einem grünen Kreuze, und betrat so die Insel. Hier erklärte er vor seinem Gefolge, daß er von diesen Inseln im Namen des Königs und der Königin Besitz ergriffen habe, und daß kein fremder Eroberer an dem so erworbenen Rechte rütteln dürfe. Columbus war in der Meinung, er habe eine Insel betreten, welche Asien vorgelagert sei und bezeichnete daher dieses Land als Westindien. Die Einwohner machten den Eindruck von großen Kindern, allerhand Tand, welchen man ihnen schenkte, wie Glasperlen, Schellen legten sie an ihren Leib, schwammen zu den Schiffen und tauschten noch mehrere dieser Kleinigkeiten gegen Erzeugnisse ihrer Insel ein. Sie waren ganz nackt, von guter Körperbildung; ihre Haare waren beinahe so dick wie Roßhaar, vorn bis auf die Augenbrauen hinabfallend, hinten in eine lange Flechte zusammengebunden, welche nie beschnitten ward. Manche bemalten sich mit einer schwärzlichen Farbe, andere weiß, andere rot; einige nur das Gesicht, andere den ganzen Körper, einige nur die Augen, andere die Nase. Ihre Waffen und Geräte zeigten kein Eisen. Sie waren gutmütig und dienstfertig, verstanden leicht und ahmten ebenso leicht nach. Ihre natürliche Hautfarbe bezeichnet Columbus als nicht schwarz und auch nicht weiß. Ihre Einbäume lenkten sie mit einer Art

Schaufel.*) Diese Eingebornen suchten durch die Erzeugnisse ihrer Heimat wie Baumwolle, bunte Vögel, Speere, alle die Kleinigkeiten zu erhandeln, welche die Spanier als Tauschmittel mit sich führten.

Diese aber bemerkten hier und da ein kleines Stückchen Gold, welches jene in die Haut der Nase eingefügt hatten und dadurch wurde die Goldgier in ihnen in dem Grade erweckt, daß sie für andere merkwürdige Erscheinungen dieser ihnen neuen Welt keinen Sinn mehr hatten. Auch Columbus trachtete vornehmlich danach, Gold zu finden. Durch Zeichen wiesen die Eingebornen auf ein südlich gelegenes Land hin, wo es Gold in Menge gäbe.

In der Frühe des 14. Oktober 1492 setzte Columbus die Fahrt fort, um die Insel genauer zu erforschen und weitere Entdeckungen zu machen. Die Einwohner liefen am Strande zusammen und schwammen nach den Schiffen hinüber, bereitwillig Wasser und Lebensmittel herbeischaffend. Die weißen Männer und die in ihren Augen mächtigen Fahrzeuge erregten, wie sich denken läßt, das höchste Staunen dieser Naturkinder; sie standen einer Erscheinung gegenüber, die ihnen überirdisch vorkommen mußte und suchten durch Dienstfertigkeit sich diesen Mächten gefällig zu zeigen. Wie sollte ihnen das in der Folge vergolten werden! Columbus untersuchte nun die Insel genauer, lernte die Wohnungen der Einheimischen, ihre Gärten, Einrichtungen kennen**) und fuhr dann zu den nächsten Inseln hinüber; der einen Insel gab er den Namen Santa Maria, eine andere nannte er Fernandina, eine andere Isabella. Die Einwohner dieser Eilande waren an Farbe, Gestalt und Charakter denen von San Salvador ganz ähnlich; als Tauschmittel boten sie besonders Baumwollknäuel dar, aber Gold, das gierig begehrte Gold fand sich bei ihnen nur in ganz kleinen Körnchen. Die Indianer wiesen nach einer anderen Insel hin, welche sie Samaot nannten und deuteten an, daß dort viel Gold sei. Auf Fernandina bemerkte Columbus eine fortgeschrittene Kultur, er sah Baumwollengewebe, die Frauen hatten etwas von Bekleidung an sich, nur Zeichen einer Gottesverehrung bemerkte er nicht. Er bewunderte den Pflanzenwuchs, die wunderbar gefärbten Fische und farbigen Vögel, aber irgend ein Haustier fand er nicht. Auch eilte er hastig weiter, denn wie er bekennt, war seine Absicht nicht, das Land in seinen Einzelheiten zu durchforschen, sondern er wollte schnell viele Länder entdecken, um bald dem Königspaare Bericht erstatten zu können; nur wenn er Gold und Gewürze fände,

---

*) Die Reisen des Christoph Columbus 1492—1504. Nach seinen eigenen Briefen und Berichten vom Bischof Las Casas, seinem Freunde und Fernando Columbus, seinem Sohne (1536). Aufgefunden 1791 und veröffentlicht 1826 von Don M. F. Navarrete; ins deutsche übertragen von Fr. Pr. Leipzig, Hinrichsche Buchhandlung.

**) Diese Insel, auf welcher Europäer zuerst die neue Welt betraten, wurde von Columbus San Salvador genannt, wahrscheinlich ist es die Watlingsinsel.

dann wollte er sich aufhalten, um möglichst viel mitzubringen. Er hatte von einer großen Insel gehört, welche die Eingeborenen Colba oder Cuba nannten, das mußte Cipango (Japan) sein! Als er sich dieser Insel näherte, flohen die Eingebornen davon; die Spanier betraten die Häuser, welche zeltartig gebaut waren, fanden darin Fischernetze aus Bindfaden oder Bast gefertigt, hörnerne Angeln, Harpunen aus Knochen gearbeitet, Feuer auf den Herden und wunderten sich über Hunde, die nicht bellten. Die Insel übertraf an Schönheit alles, was Columbus bisher gesehen. Er bemerkte fruchtbare Ebenen, schöne Berge und wurde durch den ganzen Charakter der Insel an Sizilien erinnert. Endlich fanden sich auch Eingeborene an, es trat ein friedlicher Verkehr ein und damit die Möglichkeit ihre Art kennen zu lernen. „Sie sind," sagt Columbus, „von derselben Art wie die anderen Eingeborenen nach Sitten und Gebräuchen, ich sehe keine Art von Gottesverehrung. Ich habe keinen beten sehen, aber sie sagen das Salve und das Ave Maria sehr deutlich mit zum Himmel erhobenen Händen und dabei machen sie das Zeichen des Kreuzes. Sie haben alle dieselbe Sprache und stehen freundlich miteinander. Ich glaube, daß alle diese Insulaner sich im Krieg mit dem Großchan befinden, welcher auf der Insel Cipango ist." Die nähere Durchforschung der Insel ergab, daß sie wohl bewohnt war, daß die Ortschaften größer und volkreicher waren, daß die Bewohner sich freundlich stellten. Es fiel auf, daß sie sich in der Kunst übten, Körper bildlich darzustellen. Besonders bemerkten die Spanier, daß viele Männer und Frauen eine glühende Kohle in der Hand trugen, die von wohlriechenden Kräutern unterhalten wurde. Es waren trockene Kräuter in ein gleichfalls trockenes breites Blatt eingewickelt; an einem Ende waren sie angezündet, am anderen Ende saugten die Leute und tranken gewissermaßen durch Einatmen den Rauch. Die Leute hießen diese kleinen Rollen Tabakos. Einige Spanier ahmten das Rauchen nach, und wenn Columbus ihnen diese barbarische Sitte verwies, antworteten sie, es stehe nicht in ihrer Macht, sich diesem Genusse wieder zu entziehen. „Ich weiß nicht, was sie davon für einen Gewinn haben," bemerkte der Admiral. Er fand große Mengen gesponnener Baumwolle, Gummibäume, Aloesträucher, aber das gesuchte Gold nicht. Die Goldgier hatte auch den Kapitän der Pinta, Alonso Pinzon, verführt, sich gegen den Befehl des Admirals von der Flottille zu entfernen, um auf eigene Hand auf die Goldsuche zu gehen. Columbus fuhr nun an der Küste von Cuba entlang und sah mit Erstaunen überall die gleiche Fruchtbarkeit, bebaute Felder, schön gezimmerte Fahrzeuge und volkreiche Örter. Doch trieb ihn die Ungeduld, das Goldland zu erreichen, weiter. Er erreichte Haiti, welches er Espagnola (Hispagnola) nannte. Er fand auch diese Insel schön und fruchtbar; „das Land," sagte er, „ist sehr hoch gelegen, der Boden ist eben, die Luft anmutig, doch kälter als auf den anderen Inseln". Er sah eine Menge Kähne und schloß daraus auf eine zahlreiche Bevölkerung. Dieselbe war in das Innere geflohen, und wurde von den an Bord befindlichen Indianern als sehr feindselig bezeichnet. Er sah viele Felder mit einer Frucht bestanden, welche er mit der Gerste verglich, erblickte endlich ein Haus, welches ihm schöner und besser gebaut erschien, als er sie sonst auf diesen Inseln gesehen hatte. Zu seiner besondern Freude schnellte eine Seebarbe in die Schaluppe, der erste Fisch, welcher denen der Heimat glich. Die Indianer wiesen auf eine andere Insel hin, die größer sei, als die anderen. Das bestärkte den Admiral in der Meinung, daß er sich in der Nähe des Festlandes befinde. Da ihm nicht die entfernteste Ahnung kam, daß er sich vor einem ganz unbekannten Festlande befände, weil sein Blick starr auf Asien gerichtet war, so glaubte er in der Nähe des Reiches, des Groß=Khan zu sein, das an diese Inseln grenze. Er ließ an einem Hafen ein großes Kreuz errichten zum Zeichen, daß diese Länder dem Könige von Spanien gehören, besonders aber zur Ehre Jesu Christi und der ganzen Christenheit. Er ließ die Insel durch Schiffsleute erforschen. Diese fanden große Ortschaften, aber von den Einwohnern verlassen. Als sie sich zeigten, gelang es, sie zu beruhigen und dem Verkehr zugänglich zu machen. Sie buken eine Art Brot aus einer Frucht, welche an Geschmack der Kastanie ähnlich war. Columbus erklärt Espanola für unvergleichlich an Schönheit, er rühmt die Bäume und die Fülle ihrer Früchte, spricht entzückt von dem Gesange der Nachtigallen und anderer Vögel. Hier lernte er auch einen Häuptling kennen, empfing ihn mit allen Ehren auf seinem Schiffe, suchte ihn zu bewirten, beschenkte ihn und entließ ihn dann auf seine Insel.

Am 25. Dezember, also dem heiligen Christfest, wollte der Admiral, der seit zwei Tagen keine Ruhe gefunden hatte, sich dem Schlafe hingeben. Aber der Matrose, welcher am Steuer saß, empfand ebenfalls das Bedürfnis der Ruhe, und übergab das Ruder einem Schiffsjungen, der aber gleichfalls dem Schlafe erlag. Da trieb die Strömung das Schiff auf eine Sandbank, der Junge fing an zu schreien, der Admiral und der Steuermann eilten herbei; sie mußten sich überzeugen, daß das Schiff gescheitert sei. Die Mannschaft kletterte herab, um sich auf das andere Schiff zu retten, wurde aber dort nicht aufgenommen und so gezwungen zurück zu kehren. Columbus ließ den großen Mast kappen, konnte aber das Sinken des Schiffes nicht verhindern. Endlich rettete er sich und die Mannschaft auf die „Nina". Am andern Morgen suchte man von der Ladung so viel wie möglich zu retten, wobei auch der Häuptling mit seinen Leuten eifrig Hilfe leistete. Es wurde nicht allein nichts entwandt, sondern der Häuptling erbot sich sogar, von seiner Habe den Schaden zu ersetzen. Da die Indianer die Goldgier der Spanier kennen gelernt hatten, brachten sie bereitwillig kleine Stückchen dieses edlen Metalls um dafür Klingeln einzutauschen, die ihr ganz besonders Entzücken waren. Der Häuptling machte Aussicht auf größere Mengen Goldes und erheiterte den über den

Verlust seines Schiffes niedergeschlagenen Admiral so sehr, daß er ihm ans Land folgte und sein Gast wurde. Er speiste hier eine Art Brot, Bohnen, Ziegenfleisch, Wildpret und andere landübliche Sachen. Während das Gefolge des Häuptlings ganz nackt war, hatte dieser wenigstens ein Hemb und Handschuhe angelegt, Geschenke des Admirals, die ihn hoch= beglückten. Mit Staunen sah der Indianer die Wirkung einer Armbrust, mit größerem die einer Muskete, vor deren Donner die Eingebornen zu Boden fielen.

Columbus beschloß, an dieser Stelle eine Feste zu bauen und einen Teil seiner Mannschaft als Besatzung und als Kolonie darin zurückzu= lassen. Ihn selbst trieb es, in die Heimat zurückzukehren. Einmal drängte es ihn, von den Erfolgen seiner Fahrt dem Königspaare zu berichten, anderseits trug er Bedenken, mit dem einen übrig gebliebenen Schiffe sich den Gefahren weiterer Reisen auszusetzen.

Am 2. Januar nahm er von dem Häuptlinge Abschied, gab Befehle an die zurückbleibende Mannschaft, überließ ihr, was noch an Tausch= waren übriggeblieben war, auch Proviant, eine Schaluppe, und befahl, in seiner Abwesenheit fleißig Gold zu sammeln. Er hoffte bei seiner Rückkehr soviel vorzufinden, daß er eine Stadt davon bauen könnte. Auch Körner zur Aussaat ließ er ihnen zurück. Dann am 4. Januar trat er die Rückkehr an. Nun stieß auch die „Pinta" wieder zu ihm. Die Entschuldigungen des Kapitäns fanden bei dem Admiral freilich kein Gehör, doch machte er gute Miene zum bösen Spiele, um den treulosen Kapitän abzuhalten, vor ihm Spanien zu erreichen. Widrige Winde hielten ihn noch an der Küste der Insel zurück. Während er nach einem sicheren Hafen suchte, ward er anderer Eingeborenen gewahr, welche mit Bogen und Pfeil bewaffnet waren und das Gesicht mit Kohle geschwärzt hatten. Einer dieser Leute kam auch auf das Schiff, wurde reich beschenkt und auf einer Schaluppe an das Land gesetzt. Die Spanier kauften einige Waffen von ihm, und alles schien friedlich zu verlaufen. Da plötzlich stürzten die Wilden auf die Spanier los, entrissen ihnen die verkauften Waffen wieder und machten Miene, sie mit Stricken an die Bäume zu binden. Aber einige tüchtige Schwerthiebe scheuchten sie in die Flucht, obgleich sie fünfzig gegen siebenzehn waren. Columbus glaubte mit den feindlichen Kariben zu thun zu haben; stand aber von ihrer Verfolgung ab, da der Zustand seiner Schiffe ihm eine schleunige Heimkehr rätlich machte.

Am 13. Februar tobte ein heftiger Sturm, Blitze zuckten durch die Dunkelheit der Nacht; das Wasser drang in die Schiffe ein und konnte nur durch anhaltendes Schöpfen entfernt werden. Am folgenden Tage tobte der Sturm noch heftiger. Die Schiffe gehorchten dem Steuer nicht und wurden von dem Sturme fortgeschleudert; die Mannschaft drängte sich auf dem Hinterdeck zusammen, wo sie sich allein noch halten

konnte. Gegen Morgen verstärkte sich das Unwetter; man hoffte nur
noch Rettung von der Jungfrau Maria und gelobte ihr eine Wallfahrt
nach ihrem Heiligtume zu Guadeloupe.

In diesen furchtbaren Stunden hielt der Mut des Kolumbus die
Mannschaft aufrecht; er war der festen Zuversicht, daß Gott das Werk,
welches er begonnen, nicht werde zu Grunde gehen lassen. Aber es gab doch
Augenblicke, in denen menschliche Schwachheit ihn umfing; er gedachte dann
in tiefer Traurigkeit seiner beiden Söhne, welche schutzlos dastehen würden,
wenn er hier umkäme, ohne daß eine Nachricht von seinen Entdeckungen
nach Spanien gelangte. Trotz Sturm und Wetter schrieb er mit zitternder
Hand einen kurzen Bericht über diese Reise nieder, wickelte ihn in ein Stück
Wachsleinwand, legte ihn in eine Kiste und warf diese ins Meer. Damit
kehrte Ruhe in sein Herz zurück, und obgleich rings die Wogen brandeten,
stand er fünf lange Stunden an dem gesenkten Hauptmast, jeden Augen=
blick erwartend, daß eine der unzähligen turmhohen Wellen ihn in den
Abgrund ziehe*).

Endlich beruhigte sich das Meer etwas, aber das Wetter erfor=
derte immer noch die angespannteste Aufmerksamkeit und die an=
strengendste Arbeit. Columbus saß die ganze Nacht am Steuer, nur
gegen Morgen vergönnte er sich etwas Ruhe; seine Beine waren ganz
steif, und vor Aufregung konnte er nichts essen. Man kann in der Seele des
Mannes die peinigende Sorge lesen: wenn er hier unterginge, und mit
ihm die Kunde seiner Erfolge unter den Wellen des Oceans begraben
würde! Endlich stieß er auf die azorische Insel Santa Maria. Auch jetzt
waren die Widerwärtigkeiten noch nicht zu Ende; der portugiesische
Gouverneur zeigte sich zwar sehr entgegenkommend, suchte aber vergebens die
Krallen in den Katzenpfoten zu verstecken. Er ging darauf aus, sich der
Person des Admirals zu bemächtigen, und nur die Standhaftigkeit des=
selben vereitelte das Gelingen des hinterlistigen Planes. Auch auf der
weiteren Fahrt ward er durch widrige Winde gehemmt; noch am britten
März zerrissen sie ihm die Segel. Wieder gelobte die Mannschaft fromme
Werke für die glückliche Rettung. Am 4. März schrieb Columbus in sein
Tagebuch: „Das Schiff erlitt gestern Abend einen fürchterlichen Wirbel=
wind; die Fluten kamen von beiden Seiten, als wollten sie das Fahr=
zeug hinunterziehen in die Tiefe, während die Winde es in die Luft
hoben; die Wasser stürzten in Strömen vom Himmel, und Blitze zuckten
rings aus den Wolken. Es war ein entsetzliches Schauspiel; aber es
gefiel Gott, Hilfe zu bringen und das Land zu zeigen, das die Matrosen
im ersten Viertel der Nacht erblickt hatten**). Am Morgen lag die euro=
päische Küste vor Augen; es war die Mündung des Tajo, welcher sich

---

*) Navarrete Seite 80.
**) Navarrete S. 86.

unterhalb Lissabon in das Meer ergießt. Columbus erkannte den Felsen von Cientra. Gern hätte er das Kap Vincent umfahren, um auf spanischem Boden zu landen, allein die Not zwang ihn doch, die portugiesische Küste anzulaufen. Auch hier hatte der Sturm furchtbar getobt, einen ganzen Ort von der Erde weggefegt; die Strandbewohner staunten die Rettung des Schiffes wie ein Wunder an. Columbus richtete nun in einem Schreiben die Bitte an den König von Portugal, ihm zu gestatten, bei Lissabon zu landen. Da erschien Bartholomäus Diaz und verlangte, er solle auf seine Schaluppe kommen, um den königlichen Beamten Rede zu stehen. Columbus aber wies diese Zumutung so entschieden wie stolz zurück, er, der Admiral des Königs und der Königin von Kastilien, habe einem Beamten keine Rechenschaft zu geben. Nur dazu ließ er sich endlich herbei, auf seinem Schiffe einem Beamten seine Papiere zu zeigen. Nun wurde ihm auch kein weiteres Hindernis in den Weg gelegt. Vor Lissabon konnte er sich kaum der Menge erwehren, die vom Hafen zusammenströmte und auf seine Schiffe drängte. Jeder wollte den Mann sehen, dem es durch die göttliche Gnade vergönnt gewesen war, „Indien zu erreichen." Der König von Portugal beschied ihn nach dem Thale von Paraiso, wo er eben Hof hielt, empfing ihn mit den Zeichen der höchsten Achtung, hieß ihn neben sich Platz nehmen, ließ sich von ihm erzählen, was er gesehen und erlebt habe, und versicherte, daß er sich seines Erfolges freue. Die Portugiesen hegten den Verdacht, Columbus komme aus Guinea, ihrem Interessengebiete, und der König äußerte deshalb, es scheine ihm, als gehörten die entdeckten Inseln ihm. Auf die Versicherung des Admirals, daß sein König ihm nicht befohlen habe, nach Guinea zu fahren, ließ man die Sache fallen. Columbus erfreute sich bis zu seiner Abreise überall einer freundlichen Behandlung. Am 12. März 1493 hob er die Anker und lief am 14. in denselben Hafen ein, aus welchem er am 3. August 1492 ausgelaufen war. In Palos traf dann auch Pinzon wieder bei ihm ein, der nach Galizien verschlagen worden war. Er hatte von dort einen Bericht an den spanischen Hof abgehen lassen, aber den abweisenden Bescheid erhalten, sich dem Admiral wieder anzuschließen. Diese Kränkung soll den Tod des sicher bedeutenden, aber durch Ehrgeiz zur Unbotmäßigkeit verführten Mannes beschleunigt haben. Die Aufnahme, welche Columbus durch das Volk in Palos und auf seiner Reise nach Barcelona fand, wo das Königspaar Hof hielt, war eine begeisterte; die Reise glich einem Triumphzuge. Außer den gesammelten Erzeugnissen der aufgefundenen Länder, Indiens, wie man meinte, führte er auch einige Indianer mit sich, deren fremdländische Erscheinung ungeheures Aufsehen machte. Er wurde vom Hofe mit ungewöhnlichen Ehren empfangen. So durfte er während der Audienz sitzen. Da seine schriftlichen Berichte bereits eingegangen waren, trat seine Erzählung nur ergänzend ein. Der König bestätigte ihm seine Würde als Admiral und Vicekönig, ergänzte sein

3*

Familienwappen durch die Wappen von Kastilien und Leon. Goldene Inseln erhoben sich da aus dem Meere; die Umschrift lautete: Kolumbus gab Kastilien und Leon eine neue Welt*).

Der große Mann stand auf dem Höhepunkte seines Glückes, von nun ab ging sein Stern niederwärts.

Schon auf der Mittagshöhe seines Ruhmes machten sich Bedenken, wenn auch nicht laut, doch dagegen geltend, daß er wirklich Indien erreicht habe, und Zweifel, daß also der Erfolg der Huldigung entspreche, die man ihm zu teil werden ließ.

Solche Stimmen drangen auch an das Ohr des Kolumbus, er aber ließ sich durch sie nicht anfechten. Er schloß seinen Bericht so: „Ich sehe aus dieser Reise, daß Gott sich wunderbar zu dem bekannt hat, was ich vornahm, wie man sich beim Lesen dieser Berichte durch die Wunder überzeugen kann, welche er während der Reise an mir gethan hat, der ich am Hofe Eurer Hoheiten verweilte, sehr gegen den Willen und im Widerspruch so vieler hohen Personen Ihres Hofes, welche alle gegen mich standen und meine Vorschläge als Träumereien, meine Unternehmungen als Trugbilder behandelten. Ich hoffe zu unserm Herrn, daß diese Reise der Christenheit zur größten Ehre gereiche, obwohl sie scheinbar mit sehr viel Leichtsinn ausgeführt wurde."**)

Zweite Reise des Columbus***) 1493—1496.

Der Hof teilte jene Bedenken so wenig, daß er Kolumbus zu einer zweiten Reise ausrüstete und das in einem viel großartigeren Maßstabe. Der Admiral erhielt 17 Schiffe mit einer Bemannung von 1500 Personen. Die Lastschiffe führten europäische Haustiere, Pflanzen und Saatkorn mit sich, denn es bestand die Absicht, die entdeckten Länder mit Niederlassungen zu versehen, um sie so zum Nutzen des Handels auszubeuten.

Am 25. September 1493 verließ Columbus den Hafen von Cadix. Die Fahrt ging über die Kanarischen Inseln und verlief im ganzen günstig, so daß man schon nach zwanzig Tagen Land erblickte. Es war die zu den kleinen Antillen gehörende Insel Dominica, an welche die Flotte anlief. Der Admiral hatte also den Kurs etwas südlicher genommen. Auch diese wie die benachbarten Inseln fesselten das Auge der Seefahrer durch ihren üppigen Baumwuchs, ihre reiche Bewässerung, ihre hochragenden Berge. Als der Admiral das Land betrat, fand er die Hütten der Eingeborenen leer, unter den zurückgelassenen Geräten aber zu seinem Ent-

---

*) Ruge, S. 266.
**) Navarrete, S. 89.
***) Der Bericht über dieselbe stammt aus der Feder eines Teilnehmers, des Arztes Chanca.

setzen auch Knochen menschlicher Arme und Beine, es hatten also Menschenfresser hier ihr Wesen getrieben. Columbus hielt sich auch nicht lange auf, denn es trieb ihn, seine Niederlassung auf Hispaniola wiederzusehen. Er fand im Vorübersegeln fast überall Spuren der Menschenfresser. Eine Anzahl von Matrosen, die er zur Erforschung des Innern einer Insel abgesandt hatte, kehrten nach längerer Zeit in einem ganz elenden Zustande zurück. Sie hatten sich in einen so dichten Wald verirrt, daß sie sich kaum wieder hinausfinden konnten. Die Indianer zeigten hier mehr Thatkraft und Mut, als die Bewohner der Bahama=Insel, denn sie überfielen, obgleich geringer an Zahl als die Spanier, diese aus ihren leichten Kanoes und verwundeten mit ihren Pfeilschüssen mehrere Europäer.

Auf dieser Fahrt wurde Portorico entdeckt, wo ebenfalls Spuren des Menschenfressens gefunden wurden. Die Insel Portorico erschien den Spaniern als die schönste der Welt.

Von hier aus gelangte man nach kurzer Fahrt nach Hispaniola, aber an eine Küste, die man auf der ersten Fahrt nicht gesehen hatte. Sie war flach und niedrig, aber wohlbewässert; in der Ferne zeigten sich Berge. Die Eingeborenen nannten diesen Teil der Insel Haïti. Während man an dieser Küste hinsegelte, erschienen mehrere Indianer mit Goldschmuck in den Ohren und am Halse und gaben sich für Gesandte eines Königs aus, der sich nach den Fremdlingen erkundigen ließe. Mit Hemden, Mützen und anderen Kleinigkeiten beschenkt, kehrten sie heim. Auf weiterer Fahrt fand Columbus einen schönen Hafen, er nannte ihn Monte Christo; die Gegend war fruchtbar und wohlbewässert, aber er stand doch davon ab, hier eine Niederlassung zu gründen, weil die Ufergelände sich als feucht und ungesund erwiesen.

Als einige Matrosen die Örtlichkeit näher absuchten, boten sich ihnen erschreckende Funde dar; zuerst zwei Leichen mit Stricken um Hals und Fuß, dann zwei andere tote Körper. Sie waren unkenntlich geworden, aber durch die Spuren von Bärten kamen die Spanier auf die traurige Vermutung, daß die hier offenbar erschlagenen Menschen ihre Landsleute seien, da nach ihrer Meinung den Indianern keine Bärte wüchsen. Schlimme Ahnungen trieben den Admiral vorwärts, um seine Niederlassung zu erreichen. Als er die Küste gefunden, hinter welcher er sie gegründet hatte, erschien ein mit Indianern bemanntes Boot in der Nähe des Schiffes, kehrte aber schleunigst um, sobald die Europäer erkannt waren. Man nahm das als ein böses Vorzeichen; bald sollte man sich überzeugen, daß man sich nicht geirrt habe. Auf einige Schüsse, die aus kleinen Lärmkanonen abgegeben wurden, erfolgte keine Antwort. Man sah keinen Rauch, kein Feuer, keine Wohnung; nach einiger Zeit erschien jenes Boot wieder und näherte sich dem Schiffe unter Zeichen, daß die Mannschaft es zu besteigen wünsche. Der Admiral erkannte in dem Führer der Indianer einen Verwandten des Häuptlings Guakamali, mit dem er auf der ersten Fahrt so viel Freundlichkeiten ausgetauscht hatte. Man befragte ihn natürlich in großer Aufregung nach dem Schicksale der Spanier, die in der Kolonie zurückgeblieben waren. Die Antwort war eine ausweichende und widerspruchsvolle. Bald sollten sie gesund, bald einige gestorben sein, andere sich im Kampfe gegeneinander aufgerieben haben. Dann schob man wieder das Unglück auf einen Überfall feindlicher Häuptlinge und entschuldigte auch das Nichterscheinen Guakamalis mit einer Fußwunde, die er in jenem Kampfe erhalten hätte. Nun ließ Columbus die Küste untersuchen und fand die ganze Niederlassung durch Feuer zerstört.

Die Eingeborenen machten sich verdächtig durch ihr scheues Wesen, indem sie ein Zusammentreffen mit den Spaniern mieden. Endlich näherte sich, durch Glasperlen und Klingeln zutraulich gemacht, ein Verwandter des Häuptlings mit einigen Leuten und kam dann auf das Schiff. Er bekannte, daß die Christen alle tot seien, und wiederholte nun die Erzählung von dem Überfall jener beiden feindlichen Häuptlinge. Diese Angaben wurden aber immer unglaublicher; denn in den Hütten, welche ferner vom Lande standen, fand man Gegenstände, welche den Kolonisten gehört hatten, und die sie offenbar nicht eingetauscht hatten, so einen noch eingepackten maurischen Mantel. Endlich wurde auch die Stelle gezeigt, wo 11 Christen beerdigt waren. Bald darauf erfolgte eine Einladung, den verwundeten Guakamali zu besuchen. Man fand ihn auf seinem Lager mit dick verbundenem Fuße. Er drückte seinen Schmerz über die traurigen Vorgänge aus und bot einige Geschenke an Gold und Edelsteinen. Ein anwesender spanischer Wundarzt untersuchte nun den Fuß und fand in der That eine Wunde, die von einer Steinaxt herzurühren schien. Freilich zweifelten die Spanier, ob diese Wunde von dem angeblichen Überfalle der Feinde herrühre, aber eine bestimmte Überzeugung konnte doch auch Columbus nicht gewinnen. Er hielt es daher für das Beste, sich zu stellen, als glaube er den Versicherungen des Häuptlings. Dieser kam nun sogar auf das Schiff und staunte die mitgebrachten Gegenstände und Tiere an, besonders die Pferde; denn Tiere der Art hatte er noch nicht gesehen. Als Columbus gegen den Häuptling seine Absicht aussprach, die Niederlassung wiederherzustellen, riet der Häuptling davon ab, da die Gegend sumpfig und ungesund sei. Der Admiral verließ nun in der That diese Küste, um eine geeignetere Örtlichkeit aufzufinden. Nach vielem Hin- und Herfahren entschied er sich endlich für einen Ort unweit des Hafens Monte Christo und gründete eine Feste, die den Namen Isabella erhielt, legte auch den Grund zu einer Stadt, die Martha heißen sollte. Die Indianer nährten sich hier von einer Art Rübe, die sie mannigfach zuzubereiten verstanden und die auch den Spaniern ganz gut schmeckte. Man hoffte, die Eingeborenen dieser Gegend leicht zum Christentum bekehren zu können, weil sie alle Ceremonien des katholischen Gottesdienstes eifrig nachahmten; vorläufig aber verehrten sie noch ihre Götzenbilder. Es schien, daß sie die Kräfte, welche sie ihnen zusprachen, mit einer höheren Macht in Beziehung brachten, die im Himmel ihren Sitz hatte.

Bei näherer Erforschung des Innern sahen die Spanier Bäume, die so feine Wolle hervorbrachten, daß Indianer erklärten, man könnte das schönste Tuch daraus herstellen. Diese Bäume waren so zahlreich vorhanden, daß es leicht gewesen wäre, Schiffe mit ihrer Wolle zu befrachten. Man fand ferner Bäume, welche eine Art Wachs ausspritzten, Gummi u. a. Eisen hatten die Einwohner nicht im Gebrauch, und es erregte die Verwunderung der Spanier, wie sie ohne dieses Metall ihre Werkzeuge aus Stein, ihre Spaten, Beile, Hobel so zierlich und dauerhaft herstellen konnten. Sie bereiteten eine Art Brot aus der Wurzel einer Grasart, die zwischen Gras und Busch die Mitte hielt und wieder mit der Rübe Ähnlichkeit hatte.

Der Leitstern für weitere Entdeckungen der Spanier blieb das Gold, und es ist leider mit Recht bemerkt worden, daß auch der Admiral über der Suche nach Gold größere Gesichtspunkte aus dem Auge verlor. Leute, die er in das Innere einer Insel aussandte, brachten die Kunde von einem erstaunlichen Goldreichtum; man fand es in reicher Menge in Strömen und in der Erde. „Es können", sagte der Bericht, „von diesem Augenblicke an unsere Herren und Gebieter als die glücklichsten und reichsten Monarchen der Welt angesehen werden, denn bis auf unsere Zeit hat man nichts Ähnliches in der Welt erhört." Es hat sich in der Folge herausgestellt, daß der spanischen Monarchie Länder von einem noch viel bedeutenderem Goldreichtum zufielen, daß aber alle diese Schätze das Glück Spaniens nicht befördert haben.

Columbus sandte diesen Bericht an den Königlichen Hof und mit ihm einen Kapitän, welcher noch auf mündliche Fragen Auskunft erteilen und die Entscheidung des Königs entgegennehmen sollte.

Columbus entdeckte auf seiner Weiterreise die große Insel Jamaica, die ihm noch schöner erschien als die übrigen. Die Einwohner traten ihm zuerst feindlich entgegen, ließen sich dann aber doch in einen Tauschverkehr mit ihm ein. Auf der Fahrt nach Kuba geriet er in das Gewirre der kleinen Inseln, welche seine Südküste umgeben. Er nannte diese grünen Eilande „Gärten der Königin". Indem er an der Küste Kubas weiter fuhr, ohne ein Ende der Insel zu finden, wurde er auch durch diesen Umstand in dem Glauben bestärkt, er habe die Ostküste Asiens erreicht. Dieser Irrtum ist für seinen Erfolg wie für seinen Nachruhm sehr verhängnisvoll geworden, denn er hinderte ihn an der wirklichen, bewußten Entdeckung des neuen Erdteils. Er hemmte nämlich seine Fahrt bei der Insel de Pinos; wäre er einige Tagereisen weiter gefahren, so hätte das jetzt sogenannte Kap Antonio ihn überzeugen müssen, daß Kuba eine Insel sei. Von dort aus war die Halbinsel Yucatan leicht zu erreichen, denn der Meerbusen von Mexiko stand hier offen. Columbus stand somit schon auf dieser zweiten Reise nahe an der Pforte der Entdeckung der neuen Welt. Allein sie blieb ihm verschlossen.

Denn bedauerlicher Weise stand Columbus dieser Frage nicht unbefangen gegenüber; seine Einbildungskraft klammerte sich an die vermeintliche Nähe Indiens. Er war in diesem Irrtum so verrannt, daß er seine Mannschaft schwören ließ, daß sie Kuba für China (Cathai) hielten.*)

Er fuhr nun an Jamaica vorbei, erreichte Haïti an der Westspitze und gelangte, vielfach durch widrige Winde gehemmt, an seine Niederlassung Isabella.

Wenn man die Nichterfolge des großen Mannes bedauert, soll man nicht vergessen, wie die Aufregung und die stete Anspannung aller seiner Kräfte bis zur gänzlichen Erschöpfung hemmend einwirken mußten. Wir hören denn auch, daß seine Kraft auf der Fahrt nach Isabella derart zusammenbrach, daß die Leitung der Schiffe ihm aus der Hand fiel. In Isabella fand er zu seiner Freude seinen Bruder Bartholomäus, den die spanische Regierung ihm mit drei Schiffen nachgesandt hatte; mit großer Genugthuung erfuhr er, daß das Königspaar ihm noch wohlgesinnt sei. Anders aber stand es mit den Spaniern, welche er in Isabella zurückgelassen hatte. Unzufriedenheit mit den Verhältnissen, die ihnen statt des geträumten müßigen Wohllebens Entbehrungen und Arbeit auferlegten, erzeugten Zwietracht, lockerten die Manneszucht. Der Druck, mit welchem die Spanier auf den Indianern lasteten, brachte eine Verschwörung der Häuptlinge zuwege. Zwar hatte der verwegene Hojeda, das Haupt der Verschworenen, den Häuptling Caonabo, aus der Mitte seines Volkes geholt und in spanische Gefangenschaft gebracht. Er legte ihm einen mit Glöckchen verzierten Handschmuck an. Der Arglose erkannte in ihm die Handfessel nicht, ließ sich vielmehr bewegen, mit ihm das Roß zu besteigen. Dieses Mittel war freilich nicht geeignet, die Aufregung unter den Eingeborenen zu stillen.

Der Zustand seiner Schiffe, der Wunsch, seine Privilegien bestätigt zu sehen, die ihm verletzt erscheinen mochten, da von ihm unabhängige Schiffe aus Spanien erschienen, um auf eigene Hand Entdeckungen zu machen, bestimmten Columbus, die Heimfahrt anzutreten. Nachdem er dem Bruder den Oberbefehl in Isabella übergeben hatte, lichtete er die Anker und langte am 11. Juni 1496 im Hafen zu Kadix an.

Das Ergebnis der beiden Fahrten war die Entdeckung der Bahamainseln, der großen wie der kleinen Antillen.

---

*) Peschel, Geschichte der Erdkunde, herausg. von S. Ruge. S. 252. Ruge, Geschichte des Zeitalters der Entdeckungen S. 278.

Dritte Fahrt des Columbus 1498.

Der Empfang am spanischen Königshofe war nicht weniger glänzend als der, welcher ihm nach seiner ersten Reise zu teil geworden war. Er schien noch das volle Vertrauen des Königs zu genießen. Dieses Mal wurde die Mißstimmung und der Widerspruch, welcher sich in den höheren Gesellschaftskreisen geltend zu machen suchte, noch überwunden. Es wurde die dritte Fahrt beschlossen, aber durch die mannigfachen politischen Wirrnisse, welche Spanien beschäftigten, immer weiter herausgeschoben. Auch fanden sich nicht in hinreichender Zahl Spanier bereit, Columbus als Kolonisten zu begleiten. Da kam er leider auf den Gedanken, sich Verbrecher zu dem Zwecke der Ansiedelung der entdeckten Länder überweisen zu lassen. Endlich am 30. Mai 1498 segelte Columbus aus dem Hafen St. Lucar an der Mündung des Guadalquivir ab. Er berichtet nun wieder selbst: Er richtete den Lauf mehr nach Süden, um der französischen Flotte zu entgehen, die ihm am Kap Vincent auflauerte; denn Spanien und Frankreich befanden sich zur Zeit im Kriegszustande. Berührt wurden auf dieser Fahrt Madeira und die kanarischen Inseln. Hier teilte der Admiral das Geschwader; den einen Teil entsandte er geradeswegs nach Hispaniola, während er mit dem andern, in südwestlicher Richtung steuernd, neuen Entdeckungen nachging. Er gelangte unter beängstigender Windstille in die Gegend des Äquators, wo die Mannschaft unter der Hitze, welche selbst unter heftigen Regengüssen sich nicht mildern wollte, unsäglich litt. Um in andere Regionen zu kommen, wendete er mehr nach Westen, und nun liefen die Schiffe unter gutem Ostwinde schnell vorwärts. Am 31. Juli sah man Land.

Es war das Festland Südamerikas, auf welches man stieß, und zwar in der Gegend der Orinokomündungen. Columbus aber richtete den Lauf der Schiffe wieder nach Norden, um baldmöglichst die Antillen zu erreichen.

Auf diesem Wege gewahrte er eine Insel und benannte sie Trinidad. Ihre Schönheit entzückte ihn; er sah Gefilde, die ihn an die Gegend von Valencia im Frühlingsschmucke erinnerten. Der Anblick von Häusern machte den Wunsch rege, mit den Bewohnern in Verkehr zu treten, und indem er nach einem Landungsplatze ausspähte, wurde er eines Botes ansichtig, in welchem über zwanzig mit Bogen und Schilden bewaffnete Männer saßen. Sie boten ein ganz anderes Bild als die bisher gesehenen Indianer; denn sie hatten eine viel hellere Hautfarbe, trugen als Hauptschmuck farbige baumwollene Binden, die wie seidene glänzten, und hatten ähnliches Zeug wie Röcke um die Beine geschlungen. Ihr Benehmen drückte Unschlüssigkeit aus; denn bald näherten sie sich den Schiffen, bald entfernten sie sich wieder. Columbus wandte allerlei Lockmittel an, rief ihnen zu, zeigte ihnen blanke Sächelchen, ließ die Musik anstimmen und junge Spanier danach tanzen. Aber das war alles vergeblich; die Leute folgten diesen Lockungen nicht nur nicht, sondern erwiderten sie mit Pfeilschüssen. Nun zeigte auch Columbus ein ernstes Gesicht und scheuchte sie durch Schüsse hinweg. Mehr Zutrauen bewiesen sie einem andern Schiffe, von dem sie einige Geschenke annahmen, indessen ein weiterer Verkehr kam auch hier nicht zustande.

Columbus, indem er weiter um die Inseln herum fuhr, bemerkte zwischen Garcia (so hatte er das Festland genannt) und der Insel Trinidad einen Kanal und suchte in denselben einzudringen. Aber ein Höllenlärm, ein wildes Getose empfing ihn, ähnlich dem Branden der Meereswellen, die sich an Felsen brechen. Die Gewässer strömten von Ost nach Westen, Tag und Nacht mit gleicher Gewalt; er verglich sie mit der Strömung des Guadalquivir, wenn er die Ufer überflutet. In der Nacht hörte er einen fürchterlichen Lärm, ein wahres Brüllen der Wogen, die von Süden her gleich einem Hügel sich gegen das Schiff bewegten, und hinter ihnen wieder eine Strömung, welche sich heulend herabstürzt. Jeden Augenblick mußte er fürchten, die Gewässer würden das Schiff überstürzen; sie zogen aber vorüber. Die Strömungen drängten sich unaufhörlich, die einen, um ein=, die anderen, um auszulaufen. Zu seinem Staunen fand er, daß das geschöpfte Wasser nicht salzig, sondern süß war.

Columbus befand sich in dem Kanale, der sich zwischen der Insel Trinidad und dem Orinokodelta befindet. Dieser Strom wirft einen Teil seiner Gewässer in die Straße; indem sie von Nord nach Süd strömen, begegnen sie der sich von Ost nach West drängenden Meeresströmung. Daher kam dieser Kampf der Gewässer, jenes Aufsteigen der Meereswogen und jener erschreckende Höllenlärm.

Columbus gelangte in den Pariagolf, in dem er ebenfalls Süßwasser vorfand. Angesichts dieser ihm rätselhaften Erscheinungen lag ihm daran, Menschen zu finden, von denen er Aufklärungen erhalten konnte. Indem er an der Küste weiter nach Westen fuhr, bemerkte er, daß das Meer= wasser immer wohlschmeckender wurde. Nun zeigten sich auch an der Küste angebaute Äcker und endlich ein Fluß, in den er das Schiff hinein lenkte. Hier traf er auch Menschen, mit denen er sich verständigen konnte. Sie nannten das Land Paria und versicherten, daß es immer volkreicher würde, je weiter man nach Westen gelange. In der That sah er bald ein Land, welches im herrlichsten Grün prangte und dessen Bewohner sich in zahlreichen Kanoes an das Schiff drängten. Sie trugen goldene Plättchen im Ohre, Perlenschnüre um den Hals und reizten dadurch die Habsucht der Spanier in dem Grade, daß diese für andere Erscheinungen wenig Sinn behielten. Man unternahm eine Landung und fand die Einwohner in hohem Grade gastfreundlich. Die Spanier wurden mit Früchten, Brot und mit einem aus Mais bereiteten Fruchtwein bewirtet. Nur eine Verständigung machte sich schwer. „Die Menschen", bemerkt Columbus, "sind hochgewachsen und haben einen angenehmen Gesichtsausdruck. Ihre Haare sind lang und glatt; um die Köpfe tragen sie schöne, von ferne wie Seide glänzende Tücher. Sie wohnten zum Teil in Steinhäusern von viereckiger und nicht von der runden zeltähnlichen Gestalt, wie man sie bisher in diesen Ländern gesehen hatte. Ihre Kanoes sind sehr groß, aber besser und leichter gebaut, als die der übrigen Indianer. In der Mitte von jedem befindet sich eine Art Zimmer, in welchem das Haupt der Familie lebt." Er nannte diesen Ort die „Gärten". Auf die Frage, wo das Gold gefunden würde, wiesen die Leute nach Norden (Halbinsel Paria), warnten aber dorthin zu segeln, weil das Land von Menschenfressern bewohnt werde. —

Hätte Columbus der Erforschung dieses Landes längere Zeit und mehr Geduld gewidmet, so hätte er sich der Thatsache schwerlich länger verschließen können, daß er an der Schwelle eines bisher noch nicht bekannten Erdteils stehe, und sein Ruhm bei Mit- und Nachwelt wäre noch strahlender geworden.

Allein es trieb ihn rastlos weiter. Er selbst giebt als Grund an, daß er die Lebensmittel, die er für seine Pflanzstadt Isabella mit sich führte, nicht aufbrauchen wollte. Das Schicksal der dort zurückgelassenen Spanier lag ihm vor allem am Herzen. Dazu fühlte er sich krank. „Ich hatte", sagte er, „bei der letzten Reise, wo ich das Festland entdeckte (er hielt ja Kuba für das Festland Asiens), viel zu leiden und war beinahe des Augenlichtes beraubt gewesen, aber Schmerzen, wie jetzt, hatte ich nie gefühlt sowohl in den Augen als in den Gliedern."

So behielt er sich die Erforschung dieser Länder für die Zukunft vor und segelte weiter.

Nachdem er einen westlichen Ausgang und einen nördlichen, da sich ihm die Halbinsel Paria vorlegte, vergeblich gesucht, fuhr er wieder nach Osten, wandte sich dann nach Norden und gelangte durch die Drachenschlucht in die Karaibische See. Auch auf dieser Fahrt umtobte ihn das Meer, ähnlich wie im Kanal von Trinidad.

Columbus machte auf der beschriebenen Fahrt sehr zutreffende, weit über das geographische Wissen der Zeitgenossen hinausgehende Bemerkungen. So erkannte er in der Bewegung des Meeres eine Meeresströmung und sah die Inseln als Trümmer eines ehemaligen Festlandes an. Aber in Bezug auf die Gestalt der Erde kam er zu einer ganz wunderlichen Vorstellung. Sie hatte ihm nicht mehr die Form einer Kugel, sondern zeigte auf der einen Seite eine Anschwellung, die er mit dem Teile der Birne verglich, an der der Stengel sitzt. Zu dieser Anschauung war er durch die Erscheinungen gelangt, die ihm in diesen Wasserengen entgegengetreten waren. Jene Massen des Süßwassers nämlich, die im Kampfe mit dem strömenden Meerwasser solch ein Getöse verursachten, konnten sich nur von einer solchen Anschwellung herabstürzen. Und diese

Vorstellung erzeugte in ihm neue, noch mehr wunderliche. Er hatte ge=
lesen, daß die Schriftgelehrten der Vorzeit nach dem Osten Asiens, in dessen
Nähe er sich zu befinden wähnte, das Paradies verlegten, und erinnerte
sich nun, daß die Heilige Schrift (1. Moses Kap. 2, V. 10) vier Ströme
im Garten Eden erwähnt. Die Gewässer der Orinoko=Mündung gestalteten
sich ihm nun zu diesen Strömen des Paradieses, in dessen Geheimnisse
einzubringen, den Sterblichen versagt sei. Sollte es aber das Paradies
nicht sein, dem diese Gewässer entströmten, so müßten sie durch ein
weites Land fließen. So wechselten in dem Geiste des großen Mannes
richtige mit falschen Vorstellungen. Setzen wir uns aber an seine Stelle
und in seine Lage, vergessen wir nicht, daß er ein Kind seiner Zeit und
in den Vorstellungen derselben befangen war, so werden wir uns hüten,
ein abfälliges Urteil über ihn zu fällen. Aber auch die Ahnung, daß er
sich am Rande eines großen Festlandes befände, hatte für ihn die Be=
deutung nicht, die sie für einen vorurteilsfreien Forscher gehabt hätte,
denn Columbus hatte dieses Festland ja schon in Kuba gesehen.

Rückkehr nach Hispaniola.

Die Zustände auf der Insel waren für den Admiral höchst betrübende.
Die dort zurückgelassenen Spanier, zum Teil nicht zuverlässigen Volks=
elementen entnommen, zeigten sich bald unzufrieden, da sie sich in ihren
Erwartungen getäuscht sahen. Ihre Phantasie hatte ihnen ein genußreiches
und dazu müheloses Dasein vorgegaukelt; nun sollten sie angestrengt
arbeiten und harte Entbehrungen ertragen. Dazu bäumte sich ihr National=
stolz auf; sie, die Spanier, sollten der Herrschaft jener italienischen Aben=
teurer unterworfen sein.

So hatte Bartholomäus Columbus, den der Bruder als Stellvertreter
zurückgelassen, einen schweren Stand, besonders als er anfing, die neue
Stadt St. Domingo zu erbauen, und die Spanier zur Arbeit heranzog.
In Isabella, wo Diego, der dritte Bruder, den Befehl führte, kam es
sogar zu einer offenen Empörung.

Und dieser Widerwille gegen die Stellung des Genuesen beschränkte
sich nicht auf die neue Welt, er ergriff vielmehr immer weitere Kreise in
Spanien selbst. Von Anfang an war er ja hier einer Gegenpartei be=
gegnet, die seine Fähigkeiten und jetzt auch seine Erfolge anzweifelte.
Sie wuchs durch die Zahl der Neider, welche scheel auf ihn sahen wegen
seiner Machtstellung und der Aussicht auf ungeheure Reichtümer, die ihm
ja zufallen mußten. Nahrung erhielt diese Abneigung auch hier durch den
spanischen Stolz; man fand es unerträglich, daß soviel Macht und Ehre
einem hergelaufenen Fremdlinge und nicht einem Spanier zuteil geworden
war. Jetzt sprach man ihm auch die Fähigkeit ab, die aufgefundenen

Länder zweckmäßig zu verwalten, und behauptete, er sei überhaupt nur Antrieben der Habsucht gefolgt.

So flüsterte man anfangs von Ohr zu Ohr, dann sprach man lauter und lauter, und so konnte es nicht fehlen, daß diese Beschuldigungen das Ohr des Königs erreichten und gewannen. Der Hof bedauerte sicherlich, dem Fremdlinge so große Zusicherungen gemacht zu haben; es war daher nicht schwer, bei ihm die Meinung zu erwecken, daß Columbus ja nicht gehalten, was er versprochen hätte. Wo waren denn nun Zipangu und Chathai mit ihren volkreichen Städten und unermeßlichen Reichtümern? Man hatte armselige Hüttenbewohner gefunden, wohl auch Gold. Aber der Reichtum der aufgefundenen Länder entsprach doch lange den gehegten Erwartungen nicht.

Dazu kam, daß die Sendungen des königlichen Anteils nicht rechtzeitig und nur spärlich einliefen. Wenn man erwägt, daß Kolumbus nur durch reiche Goldsendungen sein Ansehen aufrecht erhalten konnte, so begreift und entschuldigt man seinen Eifer, Gold und Perlen zu suchen, worüber er seine großen Ziele bisweilen aus dem Auge zu verlieren scheint.

So wühlten viele Hände an der Grube, in welche der Fremdling stürzen sollte, und die Gegner hielten schon jetzt die Zeit für gekommen, ihm den Stoß zu versetzen.

Die Rückkehr in Ketten.

Columbus war sich der Gefahr wohl bewußt, in der er schwebte; in seinen Berichten und Briefen klagt er bitterlich über seine Widersacher. So schreibt er an die bei Hofe angesehene Kinderfrau des Prinzen Don Juan offenbar in der Absicht, daß sie seine Beschwerden an das Ohr der Königin bringe: „Ich bin mit dem höchsten Eifer zu diesen Königen gekommen und habe ihnen unerhörte Dienste geleistet. Gott machte mich zum Boten des neuen Himmels und der neuen Erde, die er durch den Mund des Apostels Johannes und vorher durch den Propheten Jesaias verheißen hat; er zeigte mir auch, wo ich sie finden soll. Aber sieben Jahre verflossen bis zur Ausführung des Unternehmens. Niemand war, der mich nicht zu verwunden suchte; wenn ich Indien gestohlen und den Mauren gegeben hätte, man könnte mir in Spanien nicht größere Feindseligkeiten erweisen." Und an die Könige*) selbst schrieb er: „Möge Gott die Personen vergessen, welche ein so herrliches Unternehmen bekämpfen. Sie wissen nichts daran auszusetzen, als daß es viel koste und daß nicht zugleich Schiffe, mit Gold beladen, heimkehrten; sie bedenken nicht, wie kurz die Zeit war und wie viele Hindernisse sich mir in den Weg stellten. Und doch, obgleich ich keine mit Gold beladenen Schiffe senden konnte,

---

*) Ferdinand und Isabella, die Columbus immer als „die Könige" bezeichnet.

so sind doch von diesem wertvollen Metalle genügende Proben nach
Spanien gelangt, die beweisen, welchen unendlichen Nutzen man in kurzer
Zeit aus unseren Entdeckungen herausziehen wird."

Columbus hatte den König um einen Richter gebeten, um selbst mit
so vielen und so unangenehmen Streitigkeiten, wie sie in der Kolonie
ausgebrochen waren, nicht behelligt zu werden, und hatte zu diesem Amte
einen gewissen Franz Rolban vorgeschlagen. Aber dieser Mensch vergaß
leicht die alten freundschaftlichen Beziehungen, welche zwischen ihm und
dem Admiral bestanden, als der Stern des Gönners im Sinken war.
Sein richterliches Amt faßte er so auf, daß er Columbus in seiner ganzen
Thätigkeit zu hemmen hatte. Dieser war noch nicht zur Stelle, als Rolban
in Hispaniola erschien. Der Richter hatte um so freieres Spiel, er
wiegelte die Eingeborenen auf, den auferlegten Tribut nicht zu zahlen,
und versicherte sie seines Schutzes; er trat mit den aufrührerischen
Elementen unter der spanischen Mannschaft und den Kolonisten in Verbindung. Zwar gelang es Bartholomäus, ihn in eine entfernte Gegend
zu verdrängen, allein die Hetzereien des Richters hörten damit nicht auf,
es gelang ihm sogar, die Besatzung der von dem Admiral nach Hispaniola
entsandten Schiffe aufsässig zu machen.

Als Columbus dort ankam, fand er die Verhältnisse in einem so
schlimmen Zustande, daß er fürchten mußte, die Ansiedelung werde sich
auflösen. Man kann die Entrüstung nachfühlen, welche ihn erfüllte, und
muß die Ruhe bewundern, mit welcher er verfuhr. Er bezwang sein
empörtes Herz, unterhandelte mit Rolban und führte ihn wieder in sein
Amt zurück, ja selbst dazu ließ er sich herbei, dem Elenden ein Zeugnis aus-
zustellen, daß er sich um den König wohl verdient gemacht habe.

Columbus hatte wohl gehofft, durch diese Demütigung den Reibereien
ein Ende zu machen, aber es sollte noch schlimmer kommen.

Der neue Oberrichter Franz von Bobadilla, welcher Rolban ablösen
sollte, war mit Vollmachten ausgestattet, welche den Vicekönig bei Seite
schoben; denn er erhielt nicht nur die oberste Verwaltung, sondern auch die
höchste militärische Gewalt, ja das Recht, Personen, die er für gefährlich hielt,
gefangen nach Spanien zu senden. Daß die Genueser, Columbus und seine
Brüder, solche gefährliche Menschen seien, war ihm nicht zweifelhaft, und er
war entschlossen, jede Rücksicht bei Seite zu lassen. Nachdem er während der
Abwesenheit des Vicekönigs gelandet war, ließ er dem versammelten Volke
den Inhalt seiner Vollmachten vorlesen und versprach den rückständigen Sold
zu bezahlen, wodurch er viele auf seine Seite zog. Columbus ließ er anfangs
ganz unbeachtet, als ob er nicht vorhanden wäre, bildete einen Magistrat,
erließ allerhand Verfügungen. Man war also bei Erteilung solcher Vollmachten über die Verheißungen, die man Columbus feierlich verbrieft und
besiegelt hatte, hinweggegangen. Bobadilla behandelte ihn auch von Anfang an nicht als Angeklagten, sondern als Schuldigen, der an sich reißen

wollte, was den Majestäten gehöre. Er ließ zunächst Diego Columbus in Ketten legen. Von Columbus verlangte er die Auslieferung des gesammelten Goldes und seiner Papiere, was dieser mit großem Schmerze erfüllte, dann lud er ihn kraft der ihm geworbenen urkundlichen Macht vor seinen Richterstuhl. Der Admiral widersetzte sich angesichts der königlichen Briefe nicht, sondern erschien vor den Richtern. Da wurde er in Ketten geworfen; bald darauf auch sein Bruder Bartholomäus. Columbus glaubte, es ginge zum Tode, und war schwer zu überzeugen, daß er nach Spanien hinüber geführt werden sollte. Auf dem Schiffe wurde er mit Rücksicht behandelt; man wollte ihn der Fesseln entledigen, aber in seinem gedrückten Selbstgefühle wies er die Milde des Kapitäns zurück.

In Spanien machte diese Behandlung des verdienten Mannes allgemeines Aufsehen; der Hof suchte gut zu machen, was ihm an Unrecht zugefügt war. Er wurde in Freiheit gesetzt und erhielt eine beträchtliche Geldsumme eingehändigt, um standesgemäß leben zu können.

Vierte und letzte Reise 1502.

Columbus wurde in Spanien zwar mit den gewohnten Ehren behandelt, aber seine Statthalterschaft erhielt er nicht wieder. Als er sich zu der vierten Reise rüstete, sprach er den Wunsch aus, die Insel Hispaniola zu berühren; der König aber wünschte das nicht; er hieß ihn auf dem kürzesten Wege fahren und die Reise beeilen. Es scheint, als wenn er den Mann, welcher ihm unbequem wurde, baldmöglichst aus Spanien entfernt, aber doch auch nicht auf dem Felde seiner früheren Thätigkeit sehen wollte.

Columbus verließ im Mai 1502 den Hafen von Kadix und stieß nach einer glücklichen Fahrt auf die kleinen Antillen. Er wandte sich nun doch nach St. Domingo, weil das eine seiner Schiffe sich wenig seetüchtig bewiesen hatte, das er gegen ein besseres umtauschen wollte. Hier war unterdes der neue Statthalter Ovando eingetroffen, um der durch Bobabilla eingerissenen Unordnung zu steuern. Er sollte die Indianer, welche von den spanischen Herren wie Sklaven behandelt und bedrückt wurden, schützen und erhielt die Befugnis, für die Arbeiten Schwarze einzuführen. Er hatte auch den Auftrag, das von Bobabilla beschlagnahmte Vermögen des Columbus herauszufordern. — Als dieser nun in den Hafen von St. Domingo einlaufen wollte, wurde ihm auf Befehl des Statthalters Ovando die Einfahrt verweigert. Eben war die Flotille bereit, welche Bobabilla, Rolban und andere Spanier in die Heimat bringen sollte. Columbus, der aus verschiedenen Anzeichen auf einen bevorstehenden Sturm schloß, warnte den Statthalter; aber vergebens, man hörte nicht auf ihn. Seine beiden Verfolger gingen in dem nun wirklich hereinbrechenden Sturme unter, während sein kleines Schiff, welches des Columbus Habe trug, aus der Gefahr gerettet wurde.

Aber Columbus selbst hatte unter der Wut jenes Windes schwer zu
leiden; er warf seine Schiffe von einander. „Obgleich es sich um die
Rettung seines Lebens, um das des Bruders, seines Sohnes, eines 13jäh=
rigen Knaben, den er mitgenommen hatte, seiner Freunde und Mannschaft
handelte, so waren ihm doch die Häfen verschlossen, die er nach dem Rat=
schlusse Gottes um den Preis seines Blutes für Spanien entdeckt hatte."*)

Indes fanden sich die Schiffe wieder zusammen. Columbus erreichte
Jamaica und fuhr von dort nach dem Festlande Mittelamerikas hinüber.
Er gelangte in die Bai von Honduras, zunächst auf eine Insel und dann
auf das Festland selbst. Der Admiral, noch immer an seinem alten Irrtume
festhaltend, er befinde sich an der Küste Asiens, glaubte nun auf der
Halbinsel Malakka zu sein, und ostwärts fahrend, Indien in dem benga=
lischen Meerbusen zu erreichen. Es begegneten ihm hier Handelsleute aus
dem Norden, deren Trachten und Geräte auf eine ganz andere Kultur
hinwiesen, als er sie bisher bei den Eingeborenen gefunden. Sie waren
in baumwollene Gewänder gekleidet und führten künstliche Waffen. Wäre
ihnen Columbus in ihre Heimat gefolgt, so hätte er die Nordspitze von
Yucatan und damit die Einfahrt in den Meerbusen von Mexiko erreicht.
Aber von heftigen Stürmen und Strömungen heimgesucht, erreichte er
endlich das Vorgebirge, von dem aus die Küste südwärts nach der Moskito=
küste umbiegt. Er nannte es Kap Gracias a Dios (Gottseidankvorgebirge).
Nun südwärts steuernd, gelangte er nach Costa Rica. In der Nähe der
Mündung des St. Juanflusses konnte er seiner ermatteten Mannschaft
Ruhe gönnen und seine übelzugerichteten Schiffe ausbessern. Hier erfuhr
er auch von Goldschätzen im Innern. Weiter südwärts kam er an die
Chiriquiinseln.

Hier und auf dem gegenüberliegenden Festlande erfuhr er von den
Eingeborenen, daß jenseit der Berge ein weiter Ocean liege, an dessen
Gestaden ein volkreiches Land sich ausbreite. So war er auch an dieser
Stelle nahe daran, zu entdecken, daß er sich in einem bisher nicht ge=
kannten Erdteile befand; allein an seinem für ihn so verhängnißvollen
Irrtume festhaltend, wollte er in jenem Meere den Meerbusen von Ben=
galen erkennen.

Das Goldland, welches die Indianer Veragua nannten, nahm nun
die volle Teilname der Spanier in Anspruch; aber Stürme der heftigsten
Art hinderten lange die Landung an geeigneter Stelle. Endlich fand
man einen Hafen; Columbus nannte ihn Porto Bello. Nachdem er hier
durch widrige Winde lange zurückgehalten war, gelangte er endlich in die
Gegend von Veragna zurück.

Auf dieser Irrfahrt war er der Entdeckung des neuen Weltteils ganz
nahe, denn er befand sich in der Nähe des Isthmus von Panama, der

---

*) Letzter Brief des Columbus.

schmalsten Stelle des ganzen Kontinents. Er schickte auch seinen Bruder Bartholomäus zur Erkundung des Innern ab. Dieser fand überall Gold und begann nun, sich häuslich niederzulassen, indem er Hütten baute. Das war aber sehr gegen den Willen des dort herrschenden Häuptlings; er beschloß daher, jene Hütten niederzubrennen und die Fremdlinge niederzumetzeln. Diese befanden sich in der äußersten Gefahr, da Columbus lange wegen der Brandung keine Hülfe bringen konnte.

Nachdem die Rettung endlich gelungen war, gelangte man in das Innere des Golfes von Darien. Der Zustand der Schiffe aber war ein derartiger, daß er schleunige Rückkehr erforderte.

Das ist in Kürze der Hergang; er war aber von einem Übermaße von Leiden begleitet, von denen wir durch Columbus eignen Bericht erfahren. Er schildert mit lebhafter Anschaulichkeit die Stürme, die ihn heimsuchten, die Ströme Wassers, die gegen das Schiff hereinbrachen; die Wind- und Wasserwirbel schienen ihm den Untergang der Welt zu verkünden. Achtundachtzig Tage hatte ihn der furchtbare Sturm verfolgt, und er sah während dieser Zeit weder Sonne noch Sterne. Die Schiffe faßten Wasser, die Segel waren zerrissen; er hatte Anker und Masten, die Taue, die Schaluppen und einen Teil der Vorräte verloren. Die Mannschaft war krank und in Verzweiflung. Die Leute gelobten, indem einer dem andern beichtete, im Falle der Rettung dem weltlichen Leben zu entsagen und in einem Kloster ein gottgefälliges Leben zu führen. Auch die Unerschrockensten verloren den Mut. „Was meine Seele am tiefsten durchwühlt", schreibt Columbus, „war meine Sorge um den Sohn, der noch im zarten Alter, er war dreizehnjährig, so vielen und so andauernden Anstrengungen ausgesetzt sein sollte. Aber Gott verlieh ihm solchen Mut, daß er es war, der die andern aufrichtete und Hand an das Werk legte, als sei er ein alter Seefahrer." Er selbst war krank und mehrmals am Rande des Grabes, dennoch lenkte er aus einem kleinen Zimmerchen, welches man ihm auf dem Verdecke hergerichtet hatte, den Kurs. Auch um den Bruder war er voll von Besorgnis, da seine Schiffe sehr schlecht waren. Hatte er ihn doch zur Mitfahrt bewogen! Dann klagt er wieder über seine Armut. Obgleich er Jahrzehnte treue Dienste geleistet, besitze er nichts; wollte er künftig durch Kastilien reisen, werde er nicht wissen, wovon er die Wirtshausrechnungen bezahlen sollte. Auch sein in Spanien zurückgelassener Sohn Diego blieb Gegenstand seiner bangen Sorge.

Nachdem er sich in einem Hafen etwas erholt und die Schiffe notdürftig ausgebessert hatte, lief er wieder aus. Kaum war er aber wenige Meilen vorwärts gekommen, als der Sturm wieder losbrach. Nun sank auch ihm der Mut. „Meine Wunde", schreibt er, „brach wieder auf, und neun Tage lang war alle Hoffnung verschwunden, mich am Leben erhalten zu können. Nie war das Meer so hoch, so fürchterlich, so schäumend gewesen. Das Wasser kochte, wie in einem Kessel an einem großen

Feuer; der Regen fiel in Strömen; dabei war die Luft so sengend heiß. Die Mannschaft war so erschöpft, daß alle zu sterben wünschten, um des Elendes los zu sein. An dem Tage, an dem er dem Bruder Hülfe bringen sollte, wurde er von dem Fieber geschüttelt. Mit Aufbietung aller Kraft raffte er sich auf und rief mit kläglicher Stimme vergeblich nach Hülfe in alle vier Winde; weinend umstanden ihn die Offiziere.

Diese unsäglichen Leiden, diese übermenschlichen Anstrengungen des tapferen Mannes muß man sich gegenwärtig halten, um zu begreifen, wie trotz aller Mühe auf dieser Fahrt so wenig erreicht wurde.

Als die eigne Kraft versagte und menschliche Hülfe ausblieb, stand seine einzige Hoffnung auf Gott. Von Trauer überwältigt, sank er ohnmächtig nieder, und als ihn nun der Schlaf überfiel, hörte er eine tröstende Stimme von oben: „O du Kleingläubiger, wie schwer wird es dir, Gott zu vertrauen und ihm zu dienen, dem Gott aller Menschen!" Die Stimme erinnerte ihn an die Hülfe, welche die Helden des alten Bundes durch Gott gefunden.

Er beschloß nun die Heimkehr, damit die Kunde von diesen goldreichen Ländern nicht verloren gehe. Aber zwei seiner Schiffe mußte er zurücklassen, weil sie für die Fahrt überhaupt nicht mehr brauchbar waren, aber auch die andern beiden waren halb verfault, von Würmern zerfressen und ganz durchlöchert. Zwar erreichte er die Spitze von Cuba, als er aber nach Domingo vorzudringen suchte, füllten sich die Fahrzeuge mehr und mehr mit Wasser, vergebens schöpfte man mit Pumpen, Kesseln, Töpfen; endlich mußte man froh sein, Jamaica zu erreichen. Hier ließ der Admiral die wrackähnlichen Fahrzeuge auf den Strand laufen.

„Wer kann glauben, was ich hier schreibe? Ich versichere, daß ich in diesem Briefe nicht den hundertsten Teil von dem schreibe, was mir widerfahren ist, die mit mir waren, können es bezeugen." Diesen Worten fügt der Admiral in Hinsicht auf seine Feinde hinzu: „Ich möchte wohl, daß die da drüben, die so behaglich mit Tadel und Vorwürfen um sich werfen, mit auf der Reise gewesen wären."

So lag er denn, ein Schiffbrüchiger, an der Küste von Jamaica ohne hinlängliche Nahrungsmittel, ohne Aussicht auf baldige Rettung. Denn wenn ihn auch von den Landsleuten auf Hispaniola nur ein verhältnismäßig geringer Raum trennte, wo gab es ein Mittel, zu ihnen zu gelangen?

Unter den Leuten seiner Mannschaft befand sich Diego Mendez, ein heldenmütiger Mann, der seine treue Anhänglichkeit an den Admiral in mehr als einer Gefahr bewährt hatte. So auch hier; er drang in das Innere der Insel ein und schloß mit den Häuptlingen Verträge auf Lieferung von Lebensmitteln ab. „Zehn Tage nach meiner Rückkehr", so erzählt Mendez selbst, „nahm mich der Admiral bei Seite und machte mich auf die außerordentliche Gefahr, in der wir uns befanden, aufmerksam." „Diego, lieber Sohn", so sprach er, „niemand von allen, die hier sind, außer mir und dir ahnt die Gefahr, in der wir uns befinden. Den zahlreichen Indianern wird es ein leichtes sein, uns in diesen unsern Strohhütten zu vernichten. Wir sind nicht imstande, sie zur Lieferung von Lebensmitteln zu zwingen, wenn sie sich weigern, die Verträge zu halten. Ich kenne nur ein Mittel, uns zu retten, das ist, wenn jemand es unternehme, auf dem Kanoe, das die Indianer uns überlassen haben, nach der Insel Hispana zu fahren, dort ein Schiff zu laufen, auf dem wir uns aus dieser gefahrvollen Lage befreien könnten." Selbst der Heldenmut eines Mendez schrak vor diesem Unternehmen zurück; er verlangte, daß der Admiral die ganze Mannschaft zusammenriefe und Freiwillige zu diesem Unternehmen aufforderte. Melde sich niemand, so sei er bereit, sein Leben, wie schon öfter in die Schanze zu schlagen.

Columbus ging auf diesen Vorschlag ein; er berief die Mannschaft, schilderte die Gefahr, in der alle schwebten, und forderte zu dem Versuche der Rettung auf. Alle blieben stumm, dann öffneten einige den Mund, um zu erklären, das sei eine Tollheit, die er verlange, in einer kleinen Barke einen Weg von vierzig Meilen zurückzulegen, auf dem große Segelschiffe durch die Wut der Wellen untergegangen seien. „Darauf erhob ich mich", erzählt Mendez, „und sagte: Herr, ich habe nur ein einziges Leben und will es wagen in eurem Dienste und für das Beste der Mannschaft, weil ich hoffe, Gott unser Herr werde mir beistehen und mich retten, wie er es schon so oft gethan hat." Columbus umarmte und küßte den Tapfern, indem er äußerte, daß niemand außer ihm das Wagnis unternehmen werde, und auch er vertraue auf Gottes Beistand.

Das Fahrzeug wurde nun für die kühne Fahrt zugerichtet; es ward geteert, erhielt einen Kiel, Mast und Segel, am Vorder- und Hinterteil eine Erhöhung durch Bretter, um das Eindringen des Wassers zu verhindern. Als Ruderer wurden sechs Indianer bestellt; außer Mendez machte die Fahrt doch noch ein Spanier, Bartolomäo Fiesco, mit. Allein es zeigte sich, daß die Besatzung nicht ausreichte, um die Angriffe der feindlich gesinnten Indianer abzuwehren. Mendez kehrte daher zum Admiral zurück, um zweckmäßigere Vorbereitungen zu treffen. Ein zweites Boot erhielt außer den indianischen Ruderern eine Bemannung von sechs Spaniern; Führer wurde Fiesco. Bartholomäus Columbus geleitete die todesmutigen Gefährten mit siebzig Mann längs der Küste bis zu der Stelle, wo sie sich der offenen See anvertrauen wollten. Als man sie an der Ostseite der Insel erreicht hatte, und ruhiges Meer eingetreten war, trennte sich Mendez unter vielen Thränen von den Landsleuten und empfahl sich Gott wie der heiligen Maria von Antigua. Fünf Tage und fünf Nächte saß er am Steuer, während die Gefährten ruderten, dann erreichte man Hispana und zwar an dem Kap Tiburon, damals St. Miguel genannt. Von Hunger und Müdigkeit entkräftet, betraten die

Braven das rettende Gestade, wo sie von Eingeborenen freundlich aufgenommen und mit Nahrungsmitteln reichlich versehen wurden. Bei der lebhaften Bewunderung dieser heldenmütigen That erwarten wir, daß sie bei den Landsleuten auf Hispana freundliche Aufnahme gefunden hätten, und staunen daher über die Gleichgültigkeit, ja Kälte, mit der Ovando, der damalige Statthalter, die Botschaft und die Boten aufnahm.

Mendez fand ihn in Domingo nicht vor; er reiste ihm in eine entfernte Gegend der Insel nach, wo er eben mit den Eingeborenen Krieg führte. Mendez mußte hier sieben Monate auf die Entscheidung warten. Auch dann zeigte sich Ovando noch keineswegs bereit, die Schiffbrüchigen zu retten, sondern er sandte zuvörderst ein Fahrzeug nach Jamaica zur Feststellung des ihm zweifelhaft erscheinenden Thatbestandes. Der Kapitän desselben gehörte zu den alten Gegnern des Admirals; er konnte freilich die Thatsache nicht in Abrede stellen, daß dieser wirklich schiffbrüchig auf Jamaica liege, aber er segelte davon, ohne ihn aufzunehmen unter dem Vorgeben, daß sein Schiff zu klein sei, um alle die Schiffbrüchigen zu bergen. Nun schickte Ovando nicht etwa ein größeres Schiff ab, sondern überließ es Mendez, sich ein solches zu verschaffen. Dieser mußte auf die Gelegenheit noch über ein halbes Jahr warten. Da erst waren geeignete Fahrzeuge aus Spanien angelangt. Er belud ein solches mit Brot, Fleisch, Wein, Schweinen, Schafen und schickte es ab, um dem Admiral die heißersehnte Rettung zu bringen. Dieser bekannte, er habe in seinem ganzen Leben keine solche Freude empfunden, als beim Anblicke dieses Schiffes; denn er habe bereits die Hoffnung auf Rettung tief sinken lassen, nachdem er die lange Zeit hindurch tagtäglich und vergeblich nach einem Schiffe ausgeblickt hatte.

Es war ein Wunder, daß er noch am Leben war, denn es hing ganz von dem Willen der Indianer ab, ihm das schwach glimmende Lebenslicht auszublasen. Sie schienen auch dazu entschlossen zu sein, denn wenige Tage nach Mendez Abfahrt begannen sie, ihre feindliche Gesinnung gegen die Spanier dadurch an den Tag zu legen, daß sie sich weigerten, ferner Lebensmittel zu liefern. Zum Glück wußte Columbus, daß am 29. Februar (1504) eine Mondfinsterniß eintreten werde. Er benutzte nun dieses Ereignis, um die Indianer zu schrecken. Die Götter, sagte er, zürnten ihnen wegen ihres Treubruchs und würden ihren Zorn durch die Verfinsterung des Mondes anzeigen. Als diese nun wirklich und pünktlich eintrat, brachten die erschreckten Indianer Lebensmittel, so viel man verlangte.

Aber auch mit den eigenen Leuten blieb dem vielgeprüften Manne der Kampf nicht erspart. Unter der Führung zweier Brüder meuterten an 50 Spanier, suchten ebenfalls auf Booten nach St. Domingo zu entkommen, und als ihnen das nicht gelang, bemächtigten sie sich des Ankerplatzes, um das erwartete Schiff zuerst in Beschlag zu nehmen. Bartolomäo mußte ihnen ein Treffen liefern, um sie zu ihrer Pflicht zurückzuführen. Am 13. August 1504 erreichte Columbus St. Domingo und im November die spanische Küste im Hafen von Cadix. Es war das seine letzte Fahrt.

Letzte Lebensjahre.

Man kann auf den großen Entdecker einer neuen Welt das Schillersche Wort anwenden: „In den Ocean schifft mit tausend Masten der Jüngling; still auf gerettetem Boot treibt in den Hafen der Greis!" Ein gerettetes Boot! das war alles. An Geist und Körper gebrochen, ohne Aussicht, sein Unternehmen zu Ende zu führen, betrat er den Boden wieder, wo früher eine begeisterte Menge zusammengeströmt war, um den Mann zu sehen, der Indien gefunden. Jetzt erwartete ihn niemand; er war vergessen, bei lebendigem Leibe gestorben im Andenken der Menschen. Was seine Seele erfüllte, war unerreichbar für ihn gewesen; der Stolz, es erreicht zu haben, beruhte auf einem schweren Irrtume. Gott hatte ihn, so wähnte er, begnadigt, Indien zu finden, aber was er gefunden, war nicht Indien; es war durch einen weiten Ocean davon getrennt; es war eine neue Welt, und Columbus wußte es nicht, erkannte es auch nicht in den Jahren, die zu leben ihm noch beschieden waren.

Es waren traurige Jahre! Er ließ sich in Sevilla nieder, und hier war er unablässig thätig, sich mit seinen Ansprüchen auf das Vicekönigtum und seine Einkünfte bei dem Hofe in Erinnerung zu bringen. Es hat sich eine Reihe von Briefen erhalten, die an seinen Sohn Diego gerichtet sind, als dieser sich am Hofe des Königs aufhielt. Sie sind voller Klagen über getäuschte Hoffnungen. Die Schiffe, schreibt er, sind aus Indien angekommen; sie haben viel Gold mitgebracht, aber nichts für mich! Hat man je ein solches Schelmenstück gesehen, daß 60000 Pesos Gold, die mir gehörten, verschwunden sein sollten!" Wir sehen seine Hand unter diesem Leiden erlahmen; denn der letzte Brief trägt bereits fremde Schriftzüge, und nur Überschrift und Unterschrift rühren von des Entdeckers Hand her.

Es war ein Unglück für Columbus, daß die Königin Isabella, welche noch regen Anteil an ihm und seinen Plänen genommen, früh starb; Ferdinand behandelte die Sache mit geschäftsmäßiger Kälte. Man wollte Columbus für seine Ansprüche in Spanien abfinden; er wies das zurück und war nun bereit, zu Gunsten seines Sohnes auf das, was ihm in Indien zustand, zu verzichten. Darüber schleppten sich die Verhandlungen hin. Er erlebte den Ausgang nicht mehr, sondern starb am 21. Mai 1506 zu Valladolid. — Vorläufig fand er dort seine Ruhe im Franziskanerkloster. Wie sehr er von seinen Zeitgenossen vergessen war, zeigt auch eine Chronik von Valladolid, die sonst geringfügige Ereignisse verzeichnet; von dem Tode des Columbus sagt sie nichts.*) Später ward die Leiche in Sevilla vorläufig beigesetzt, dann nach St. Domingo, wie der Lebende gewünscht hatte, übergeführt, um im Dome bestattet zu werden. Als aber diese Insel 1795 an Frankreich abgetreten wurde, nahmen die Spanier die Reste ihres großen Entdeckers mit und setzten sie im Dome zu Habana auf Cuba bei. Wie Columbus in seinem Leben rastlos umhergetrieben war, so sollten auch seine Gebeine erst nach Jahrhunderten Ruhe finden. Die ersten Berichte über seine Entdeckungen erschienen nach den ersten Erfolgen 1497; auch eine deutsche Bearbeitung einer lateinischen Flugschrift unter dem Titel: „Eyn schön hübsch lesen von etlichen inßlen." Mit der dritten und vierten Fahrt verschwindet Columbus vor dem Auge der Mitlebenden und der nächsten Nachwelt.

Mit Recht ist darauf hingewiesen worden, daß die Portugiesen inzwischen Indien wirklich erreicht hatten, und daß von ihnen die Früchte langer Anstrengungen gepflückt waren, während die Spanier an den Küsten von Inseln und Festland umherfühlten, ohne greifbare Ergebnisse zu Tage zu bringen. Was sie auch gefunden hatten, welche neuen Produkte einer anderen Natur und Kultur sie auch heimbrachten, die volkreichen Städte Chinas, die Gewürze Indiens hatten sie nicht gefunden. Die wesentlichen Entdeckungen blieben vorläufig eine spanische Angelegenheit, während der Welthandel auf der Straße der Portugiesen folgte**). Damit verdunkelte sich auch das Bild des Christoph Columbus; erst im letzten Drittteile des 17. Jahrhunderts fing es an, lebendig zu werden.

Heute steht es uns voll im Vordergrunde dieser Ereignisse, heute gilt uns Christoph Columbus als der Entdecker der neuen Welt, wenn diese seinen Namen auch nicht trägt.

Wahr ist es, er hat den Gedanken, Indien auf dem westlichen Wege zu erreichen, nicht erdacht. Er nahm ihn auf aus dem Bewußtsein der Gebildeten seiner Zeit. Seit es in ihm feststand, daß die Erde die Gestalt einer Kugel hatte, lag es nahe, den Versuch zu machen, Ostasien auf diesem Wege zu erreichen. Er war seiner Zeit wissenschaftlich nicht so überlegen, um den Irrtum zu erkennen, daß die Entfernung eine so geringe, das Ziel so nahe sei. Hätte er nur annähernd diese Entfernung zu schätzen gewußt, er hätte sich schwerlich mit seinen armseligen drei Schiffen auf den Weg gemacht. Es ist wahr, er erreichte nicht, was er suchte, und fand, was er nicht suchte; ja er verrannte sich in ein Netz falscher Vorstellungen, die ihn immerfort hinderten, zu erkennen, was er gefunden hatte. Stellen aus Schriften des klassischen Altertums, Bibel-

---

*) Ruge, Zeitalter d. Entdeck. S. 314.
**) Ruge, S. 314.

stellen, die sicher auf ihn keinen Bezug haben konnten, deutete er auf sich und seine Erfolge. Er wurde in seinen eigenen Augen dadurch zu einem Riesenwerkzeuge Gottes, bestimmt, die Heidenwelt Asiens dem Christentum zu unterwerfen, Jerusalem den Ungläubigen zu entreißen. Diese seine übermäßigen Vorstellungen von seiner Wichtigkeit stehen, es ist wahr, in einem bedauernswerten Gegensatze zu der Enge seines Gesichtskreises und den Ergebnissen seiner Reisen. Berufene Forscher, wie Alexander von Humboldt, haben ihm auch die Fachkenntnisse abgesprochen, die zu einem so großen Unternehmen nötig waren. Endlich soll nicht verschwiegen werden, daß auch Schatten auf seinen Charakter fallen, daß seine Selbstsucht zuweilen störend für unsere Bewunderung auftritt. —

Dennoch aber ist er uns eine gewaltige Erscheinung, der Entdecker Amerikas, was auch andere nach ihm Verdienstliches gethan haben.

Es ist ja doch so in der Entwickelung des Menschengeschlechts; das Große, was sie mächtig fördert, geschieht nicht auf einen Schlag; alles bereitet sich langsam vor, ehe es an das Licht des Tages tritt. Einsame Denker erzeugen die Idee, vieler Gedanken arbeiten weiter, führen sie weiter; sie wird Gemeingut aller Denkenden. Wie die Blüte des Baumes in der Knospe, wartet die Idee auf den Sonnenstrahl, der sie zum Leben weckt.

Aber im Menschenleben bedarf es der That, der männlichen That, die da quillt aus der Überzeugung des Kopfes, nicht minder aber aus der Wärme des Herzens und dem Glauben an sich selbst. Und dieser Mann der That war Columbus. Wie der Gedanke ihm einmal zur Gewißheit geworden, Indien sei auf westlichem Wege erreichbar, ergreift er ihn mit der ganzen Wärme seiner Seele, um ihn zu verwirklichen. Wir sehen ihn mit zähester Ausdauer von Stadt zu Stadt, von Hof zu Hof wandern; oft zurückgewiesen, klopft er immer wieder an; er heftet sich dem spanischen Königspaare an die Sohlen, er läßt nicht nach, zu drängen, trotzdem er hingehalten wird von Jahr zu Jahr. Und als er endlich verzweifelt, dort Erhörung zu finden, nimmt er sein Kind an die Hand, um Spanien zu verlassen und anderswo anzuklopfen.

Als er nun auf den gebrechlichen Fahrzeugen in das weite unbekannte Meer hinaussteuert, als er sein Leben an die Erreichung seines Zieles setzt, als er nicht nur die Wogen des Meeres, sondern auch die von Zweifel und Angst bewegten Gemüter der Genossen beherrscht, da wächst er in unseren Augen zu einer Heldengestalt an. Und diese heldenhafte Ausdauer, diesen unbeugsamen Mut hat er bewährt in tausend Gefahren, bis die Kraft zusammenbrach, der Übermenschliches zugemutet wurde. Wir scheiden von ihm mit dem Gefühle der Trauer, daß es ihm nicht vergönnt war, zu erfahren, welche weltbewegende Entdeckung er gemacht hatte.

Der Name Amerika.

Columbus hatte, wie wir uns erinnern, die Bahamainseln, die großen und kleinen Antillen gefunden; er war in der Gegend der Orinokomündung auf das Festland Südamerikas gestoßen und endlich an der Küste Mittelamerikas hin= und zurückgefahren von der Hondurasbai bis zum Isthmus von Panama. Er hatte diese Länder teils für das Vor= land, teils für das Festland Ostasiens gehalten. Aber schon während der Thätigkeit des Columbus, als sein Stern schon im Sinken war, gingen andere Seefahrer auf Entdeckungen aus; so der Spanier Hojaba. Er folgte den Spuren des Columbus nach Südamerika, setzte an der Küste von Guyana ein, fuhr nordwestwärts durch den Paragolf und folgte nun der Nordküste nach Westen. Er sah Venezuela, die Bucht vor Mara= caibo und gelangte bis an die gegenüber liegende Halbinsel. An dieser Fahrt nahm Amerigo Vespucci aus Florenz teil; durch seine Beschreibungen der Reise hat er in weiteren Kreisen für dieselben Teilnahme an= geregt. An derselben Küste fuhr auch Alonso Nino; er schloß aus dem Vorkommen großer Tiere, daß er sich nicht auf einer Insel befinde. Pinzon nahm eine südliche Richtung, drang über den Äquator bis zum Kap Roque vor. Mit Staunen sahen die Seefahrer die Mündung des mächtigsten der Ströme, des Amazonenstroms, und immer tiefer wurzelte sich die Überzeugung ein, daß man sich auf einem Festlande befinde.

Wie wir uns erinnern, hatte der Portugiese Cabral auf seiner Fahrt nach Indien zufällig Brasilien gefunden (1500). Um diese Entdeckung weiter zu verfolgen, entsandte König Manuel den bewährten Amerigo Vespucci aus. Dieser fuhr von Afrika sofort nach Brasilien hinüber, kam zum Kap Roque, zur Mündung des S. Franzisko und überschritt sicher den Wendekreis des Krebses; vermutlich gelangte er noch viel weiter südlich. Der letzte Zweifel mußte jetzt schwinden, daß man sich auf einem ungeheuren Festlande befinde. Die lebhaften, daher viel ge= lesenen Schilderungen, welche Vespucci gerade von dieser, immerhin sehr erfolgreichen Reise machte, die Behauptung, die er in seinem ersten, auch in das Deutsche übersetzten Briefe aussprach, daß man eine neue Welt gefunden, machten seinen Namen schnell berühmt und populär; man hielt ihn für den bedeutendsten Entdecker. So viel scheint auch sicher zu sein, daß es bei ihm zuerst über die ganze Sachlage zur Klarheit kam. Denn er faßte zuerst den Plan, um den Süden Amerikas herum nach Indien zu fahren. Er hat auch auf einer späteren Reise einen Anlauf dazu ge= nommen, ist aber nicht zum Ziele gelangt.

Der erste, welcher öffentlich den Vorschlag machte, das neue Land nach Americus Vesputius zu benennen, war ein deutscher Gelehrter namens Waltzemüller aus Freiburg im Breisgau. Er war an dem lothringischen

Gymnasium in St. Diè thätig. Hier lernte er die Briefe des Vespucci kennen und gab sie heraus. In einem seiner gelehrten Werke machte er den Vorschlag, den vierten Erdteil America zu nennen, gleichsam als das Land des Americus. Die weibliche Endung begründet er damit, daß auch Europa und Asien von Frauen ihren Namen erhalten haben. Deutsche sind es denn auch gewesen, welche den Namen aufgenommen und verbreitet haben, aber allgemein angenommen wurde er erst im 17. Jahrhundert, bis dahin galten auch die Namen Peruana, Brasilia*).

Balboa dringt bis zum großen Ocean vor.

Die den Spaniern bekannt gewordenen Länder wurden allmählich mit Niederlassungen besetzt. Es ist bekannt, wie die Eingebornen zu harter Arbeit angehalten wurden, und wie man, als sie sich dazu nicht als geeignet erwiesen, Schwarze aus Afrika zum Ersatze hinüber schleppte, eine Plage für den neuen Erdteil bis auf den heutigen Tag. Unter den Spaniern, welche sich für die Eroberung und Ausbeutung der Länder, die der spanischen Krone zugefallen waren, verdient machten, haben einen dauernden Nachruhm erworben: Balboa, Cortez und Pizarro. Der erste war in Darien thätig und wie alle Spanier in erster Linie bestrebt, Gold zu finden. Auf seinen Streifzügen in das Innere des Landes erfuhr er, was schon Columbus erfahren hatte, von einem Häuptling, daß sich hinter den Hügeln im Westen ein großes Meer befinde. Er faßte den Entschluß, dasselbe aufzusuchen. Der Marsch wurde wohl vorbereitet, eine genügende Zahl Indianer als Lastträger eingestellt, eine starke spanische Mannschaft zu der Unternehmung ausgerüstet. Durch einen Häuptling über die Breite des zu überschreitenden Isthmus, wie über die Richtung, die man zu nehmen hatte, wohl unterrichtet, machte Balboa sich von dem Indianerdorfe Careta an der atlantischen Küste auf den Weg. Die Berge waren hier verhältnismäßig niedrig; die Luftlinie betrug etwa neun Meilen. Aber die Fruchtbarkeit des Bodens, gesteigert durch die feuchte warme Luft, erzeugt hier eine Vegetation von solcher Kraft und Dichtigkeit, daß der Urwald fast undurchdringlich ist. Mit schwerer Mühe drangen die Mannschaften auf den Schleichwegen der Indianer vorwärts. Nach langer Anstrengung gelangte man endlich an den Fuß der Hügel, von denen herab man das Meer sehen sollte. Balboa war sich vollkommen bewußt, vor welch einem wichtigen Ereignisse er stand. Er eilt den Seinen voraus, und als er des Meeres ansichtig wird, fällt er auf die Kniee und dankt Gott in heißem Gebete, daß er ihn solcher Gnade gewürdigt habe. Nun winkt er den Gefährten; sie eilen hinauf

---

*) Ruge S. 340.

und stimmen mit dem Führer einen Lobgesang an, errichten einen Altar und schneiden die Namen der Könige zum Zeichen der Besitzergreifung in die Rinde der Bäume. Leider erhält diese freudige Stimmung einen herben Beisatz durch die Goldgier, mit der sie nach den Schätzen des Landes umherspähen. Sie steigen nun bergab und erreichen die Küste in dem Golf von St. Michael. Mit Schwert und Fahne in das Meer schreitend, nimmt Balboa Besitz von allen Küsten desselben. Hier erhielt er Nachricht von dem Goldlande Peru, dessen künftiger Eroberer an diesem Zuge teilgenommen hatte. Goldgier und grausame Erpressungen beflecken auch diese tapferen Männer; wir lesen mit Entsetzen, wie sie sich ihrer Bluthunde bedienen, um die Häuptlinge zerreißen zu lassen, welche nach ihrer Meinung noch von ihren Schätzen zurückbehalten haben. Es war diese Entdeckung in der That von der größten Tragweite; denn hatte man auch längst Grund gehabt, zu vermuten, daß man sich im neuen bisher nicht bekannten Erdteile befinde, so mußte nun erst jeder Zweifel verstummen. Das entdeckte Meer erhielt den Namen „Südsee", weil die von Norden kommenden Spanier es im Süden erblickten. — Zu derselben Zeit (1514) entdeckten die Spanier auch die Halbinsel Florida und setzten damit den ersten Fuß auf das Festland Nordamerikas. Man war in dieser Richtung ausgefahren, um den Jungbrunnen zu entdecken, welcher nach einer Sage der Indianer alten Leuten die Jugendkraft zurückgeben sollte.

Ferdinand Cortez.

Die Spanier befanden sich damit so nahe an der Pforte des Mexikanischen Meerbusens, daß es nur eine Frage der Zeit war, in der sie an die Küste des großen Reiches des Montezuma gelangen mußten. Der erste, welcher auf die richtige Spur kam, war ein auf Sklavenraub ausgehender Pflanzer aus Habana. Er erreichte das Cap Cartoche im Norden der Yucatanhalbinsel und erstaunte hier über die Zeichen einer in der neuen Welt bisher nicht gesehenen Kultur, über die Gebäude aus Stein, über die Kleidung der Eingebornen, über ihre Werkzeuge und die Erzeugnisse ihres Fleißes. Diese Entdeckungen fesselten die Aufmerksamkeit des Diego Velasquez, des Statthalters von Cuba, in dem Maße, daß er zur weiteren Erforschung der Küsten Versuche machte. So umfuhren die Spanier die Yucatanhalbinsel, gelangten in die Campechebai und erreichten in der That die mexikanische Küste in der Nähe des später angelegten Veracruz. Endlich gelang es ihnen, mit den Häuptlingen in einen friedlichen Verkehr zu treten und eine Menge Gold einzutauschen. Sie waren nun in einem wirklichen Goldlande, und da sie hier auf die Zeichen eines abscheulichen Götzendienstes, einer Menschenschlächterei zu

Ehren dieser Götzen stießen, so wurden sie neben dem Hunger nach Gold auch von dem Eifer beseelt, die Götzen zu stürzen und das Kreuz aufzurichten.

Velasquez eilte, die Ehren und die Reichtümer, welche aus der Eroberung des Goldlandes fließen mußten, einzuheimsen, ehe ihm ein anderer zuvorkäme. Er wählte zu der Unternehmung einen hervorragenden Mann, Ferdinand Cortez, unter den spanischen Eroberern der Zeit jedenfalls den bedeutendsten. Cortez stammte aus Estremadura und war damals 33 Jahr alt; er teilte den abenteuerlichen Trieb nach Entdeckung und Eroberung mit dem übrigen jungen Spaniern, überragte sie aber an Bildung und allen den Eigenschaften, welche den Helden machen, an Einsicht und Umsicht, an einer Thatkraft, die nie erlahmte, einem Mute, der auch vor dem Unmöglichen nicht zurückschrak.

Velasquez bereute bald, daß er diesem Manne die so bedeutende Aufgabe gestellt hatte, weil er, wohl durch Neider aufgestachelt, zweifelte, daß Cortez nichts weiter sein werde, als ein Werkzeug in seiner Hand, das man wegwerfen konnte, wenn es unbequem wurde. Er suchte ihm also den Oberbefehl wieder aus der Hand zu winden; allein Cortez war entschlossen, um jeden Preis die ihm gestellte Aufgabe zu lösen, und entzog sich daher weiteren Befehlen des Statthalters kurzweg dadurch, daß er von der Westspitze Cubas, dem Kap Antonio, absegelte. Er landete an der Mündung des Tabakoflusses und lief in denselben auf seicht gehenden Böten ein. Die Bevölkerung empfing ihn feindlich, stellte sich zur Verteidigung des Landes zum Kampfe, konnte aber den Feuerwaffen der Fremden gegenüber nichts ausrichten. Die Häuptlinge unterwarfen sich und ließen dann an sich die ihnen völlig unverständliche Ceremonie der Taufe vornehmen, weil sie es nicht hindern konnten. Nun hob Cortez die Segel und landete wieder an der Stelle, von der aus er seine Unternehmung gegen das Innere des Reiches des mächtigen Kaisers Montezuma beginnen wollte.

Er verfügte über eine Mannschaft von 400 Spaniern und 200 Indianern, die teils mit Armbrüsten, teils mit Feuerwaffen versehen waren; auch führte er eine Anzahl schwerer Geschütze und Pferde mit sich. Das war die ganze Macht, mit welcher der verwegene Mann sich anschickte, ein Volk zu unterwerfen, welches nach vielen Millionen zählte und auf einer Stufe der Entwickelung stand, die nicht zu vergleichen war mit der jener harmlosen Wilden, die Columbus bei seiner Landung in Guanahani erblickt hatte.

Die Häuptlinge, welche in der Gegend der Landung befehligten, leisteten keinen Widerstand, sondern erklärten sich bereit, die Landung der Fremdlinge und ihr Begehr an den Oberherrn nach Meriko zu melden. Cortez stellte sich vor als den Abgesandten eines mächtigen Königs im Osten, der gekommen sei, Geschenke und Botschaften dem Beherrscher

dieses Landes zu bringen. Wie genau der Statthalter dieser Küsten=
gebiete den Bericht an seinen Herrn zu gestalten trachtete, geht daraus
hervor, daß er Malern den Auftrag gab, die Fremdlinge abzubilden. Um
einen gewichtigen Eindruck zu erzeugen, ließ Cortez seine Truppen
Bewegungen und Übungen in allen Waffengattungen ausführen.

Er hatte hier den Boden einer uralten Kultur betreten. Lange vor
den Azteken, welche jetzt das herrschende Volk waren, hatten andere
Stämme hier steinerne Tempel gebaut und mit Bildwerken geschmückt.
Die Azteken hatten sich über das ganze Hochland ausgebreitet, die Stadt
Mexiko erbaut und sich zu Herren des Landes gemacht, ohne doch an
allen Orten den Widerstand der früheren Herren des Landes gebrochen
zu haben. Unter ihnen hatte sich Montezuma, früher Oberpriester, zum
Oberherrn aufgeworfen, ein Mann ohne tiefere Einsicht, ohne Ent=
schlossenheit und von abergläubischer Furcht beherrscht. Es ging nämlich
unter dem Volke eine merkwürdige Sage. In alten Zeiten sollte
Quetzalcoalt, aus dem Stamme der von den Azteken unterworfenen Tol=
teken, weil er sich gegen die Menschenopfer erklärt hatte, vertrieben sein.
Er sei zum Meere geflohen und habe sich dort nach Osten eingeschifft mit
der Drohung, er werde wiederkommen und das Reich der Azteken stürzen.
Merkwürdigerweise dachten sich die Mexikaner diesen Mann mit heller
Gesichtsfarbe und langem Barte. An diese Sage glaubte Montezuma
und bangte, als er von der Landung der Weißen hörte, für seine
Herrschaft, die er nur mit großer Grausamkeit aufrecht erhielt, und die,
wie er wußte, von den Unterworfenen mit Zähneknirschen ertragen wurde.
Als die Meldung von der Landung der weißen Fremdlinge in der
Hauptstadt anlangte, waren die Ratgeber des Kaisers geteilter Meinung;
die ängstlichen rieten zu einem Frieden, welcher einer Unterwerfung gleich=
gekommen wäre, die anderen dagegen entschieden zum Kampfe. Monte=
zuma, nach Art unentschlossener Menschen, wählte keinen der beiden Wege,
sondern glaubte sich durch Geschenke die gefährlichen Fremdlinge vom Halse
schaffen zu können. Er sandte, wie berichtet ward, an Cortez eine Scheibe
von der Größe eines Wagenrades, ein Bild der Sonne, von reinstem
Golde und von kunstvoller Arbeit; eine zweite noch größere silberne, ein
Bild des Mondes; einen Helm, ganz mit Goldkörnern gefüllt, zwanzig
goldene kunstvoll nachgebildete Enten und eine Menge anderer kostbarer
Gegenstände, alle in hohem Grade dazu angethan, die Goldgier der
Spanier auf das Innere des Landes als der Heimat solcher Schätze zu
spannen*). Cortez weigerte sich denn auch, das Land zu verlassen, berief
sich auf den Auftrag seines Königs, eine Botschaft an den Herrscher
persönlich auszurichten, und richtete sich einstweilen häuslich ein. Er
ließ eine Stadt bauen und nannte sie „Die reiche Stadt des wahren

---

*) Ruge S. 368.

Kreuzes" (villa rica de la vera cruz). Von den Bürgern der neuen Stadt ließ er sich dann sein Amt im Namen der spanischen Majestät wieder übertragen, nachdem er das ihm von Velasquez übertragene niedergelegt hatte. So machte er sich von dem Statthalter in den Augen seiner Mannschaft unabhängig. Widerspruch wurde mit Gewalt unterdrückt.

Cortez war es nicht unbekannt geblieben, daß es in dem Reiche des Montezuma viele unzufriedene, zu einem Umsturze geneigte Völkerschaften gebe; auf diese baute er die Hoffnung der Unterwerfung Mexikos. Einem solchen Volksstamme, dem der Totomaken, mit dem unfern der Küste gelegenen Hauptorte Cempoalla, stattete Cortez einen Besuch ab, empfing die Versicherung der Unterwerfung unter die spanische Macht, konnte Götzentempel umstürzen und sich an der Taufe der Eingebornen erfreuen. Um aber den spanischen Hof sich geneigt zu machen, entsandte er seinen bewährten Piloten Alaminos mit allen bisher gewonnenen Schätzen nach Spanien ab. Allein bei dessen Einkehr auf Cuba erfuhr Velasquez von dem Stande der Dinge. Cortez mußte fürchten, daß Velasquez versuchen würde, ihn mit Gewalt zu verdrängen; auch regten sich in seinem kleinen Heere diejenigen, die es mit Velasquez hielten, wieder; ja sie drohten, nach Cuba abzusegeln.

Um ein solches Unternehmen für alle Zeiten unmöglich zu machen, und um seine Mannschaft in die Lage zu versetzen, in der sie vorwärts mußten, da ein Zurück unmöglich war, ließ Cortez seine Flotte einer Besichtigung Sachverständiger unterwerfen. Diese erklärten, was er wünschte, daß die ganze Flotte unbrauchbar geworden sei.

Da ließ er sie unter den Augen der ganzen Mannschaft mit Ausnahme eines kleinen Schiffes auf den Strand laufen. —

So hatte die verwegene Mannschaft die Brücke hinter sich abgebrochen; sie mußte nun bleiben, es komme, was da wolle.

Die Totomaken leisteten ihm bei dem Zuge in das Innere wesentliche Hülfe, stellten nicht nur 1000 Lastträger, sondern verstärkten sein Heer, das durch die in Villarica zurückgelassene Besatzung geschwächt war, um mehr als tausend Krieger.

Es war im August 1519, als er den Marsch in das Innere antrat. Das atlantische Küstenland Mexikos ist flach und heiß; dann hebt sich die Ebene in ziemlich steilen Terrassen zu einem weiten Hochlande, welches fast den ganzen Raum zwischen den beiden Weltmeeren ausfüllt. Schon in dem östlichen Rande erheben sich mächtige Berge. Das Ziel, die Hauptstadt Mexiko, lag in einem mächtigen von Bergen umwallten See, unter denen der Popocatepetl und der Ixtaccihuatl weit über 5000 Meter emporragen. Je höher die Spanier stiegen, desto kälter wurde es. Man durchschritt die Region der Palmen, der Laubwälder; auf der Hochebene wurde es öder und öder; endlich erreichte man das Plateau vor Anahuac. Das nächste Ziel des Marsches war Tlascala, die Hauptstadt eines

Volkes, welches bisher dem Montezuma mit Erfolg widerstanden hatte und dessen Bundesgenossenschaft Cortez zu erwerben hoffte. Auf dem Marsche sahen die Spanier mit Staunen die vorgeschrittene Kultur, die Steinbauten, die Pflege des Ackerbaues, Baumwollen= und Maispflanzungen. Aber was sie mit Entsetzen erfüllte, war der blutige Götzendienst besonders des Götzen Quetzalcoalt, dessen Dienste zahllose Menschenopfer fielen. In der Freundschaft der Tlascalaner hatte man sich getäuscht; als die Spanier ihr Gebiet betraten, begegnete ihnen ein sehr starkes Heer und lieferte ihnen eine Schlacht. Erst als die Tlascalaner den überlegenen Waffen der Eindringlinge erlagen, schlossen sie Frieden und ein Bündnis, das sie treu hielten, da sie sahen, daß es auf den Sturz des Montezuma abgesehen war. Cortez verdankte ihm in der Folge zum guten Teile das Gelingen seines Unternehmens.

Montezuma versuchte, durch den Sieg über die Tlascalaner noch mehr entmutigt, durch erneute Geschenke und das Versprechen, Tribut zu zahlen, die Spanier von weiterem Marsche abzuhalten. Allein Cortez wurde durch das, was er in Tlascala über den Zustand des Reiches erfuhr, in der Hoffnung auf Ausführung seines Unternehmens bestärkt; denn trotz der großen äußeren Machtmittel des Reiches, trotz der Hunderttausende von Kriegern, die es aufbringen konnte, erschien es ihm immer mehr als ein auf schwachen Füßen stehender Riese, da ein großer Teil der Unterthanen dem Haupte der Azteken nur widerwillig gehorchte.

Bei dem Weitermarsche traf man große Städte, so Cholula. Man staunte auch hier über den Handel, den Gewerbefleiß und entsetzte sich über den scheußlichen Götzendienst. In Käfigen wurden Menschen gemästet, um dem Götzen als fette Opfer dargebracht zu werden. Die Cholulaner versuchten die Spanier bei ihrem Abmarsche aus der Stadt zu vernichten; aber ihr Vorhaben wurde von den sie begleitenden Tlascalanern verraten und blutig geahndet. Cortez ließ eine Schar der versammelten Häuptlinge mit ihrem Gefolge niederhauen und die Stadt plündern, woran die Tlascalaner sich lebhaft beteiligten.

Nun marschierten die Spanier auf Mexiko los, vorbei an dem schneebedeckten Popocatepetl; bald sah man von der Höhe herab auf den großen See, aus dem die mächtige Stadt sich erhob. Dämme führten hinüber, aber von Wasserdurchlässen unterbrochen, deren hölzerne Brücken leicht zerstört werden konnten. Allen Anerbietungen Montezumas ungeachtet, setzten die Spanier den Marsch auf die Hauptstadt fort. Je näher sie kamen, desto höher stieg ihre Verwunderung über die Hauptstadt und die andern großen Ortschaften, welche sich aus dem Spiegel des Sees erhoben.

Sie betraten eine der Dammstraßen und konnten kaum durchbringen durch die Masse des Volkes, welches in die Stadt oder aus derselben hervorströmte, sich neugierig drängte, um die Fremdlinge zu sehen. Wie leicht wäre es gewesen, die kleine Schar zu erdrücken! Aber nicht einmal an eine Verteidigung der Stadt war gedacht, keine der Holzbrücken war abgehoben. So zogen die Spanier ungehindert am 8. November 1519 in die Stadt ein. Es geschah das in demselben Jahre, in welchem Luther in Leipzig der Ketzerei überführt wurde.

Man schätzte die Zahl der Häuser auf 60000, die der Einwohner auf über 300000. Große Plätze unterbrachen die Straßenfluchten; die Häuser waren aus Stein gebaut und glichen kleinen Festen. Über alle ragte der Götzentempel mit seiner Plattform hervor, welche man auf 114 Stufen erstieg; er zeigte 40 Türme, alle sehr stark von behauenen Steinen erbaut, das Gebälk wohl zusammengefügt und bemalt. Die vornehmsten Herren in der Stadt hatten in diesem Tempel ihre Götzen und ihre Familiengrüfte. Auf der Höhe der Plattform befanden sich in einer Tempelhalle zwei Götzen, welche von Gold und Edelgestein strotzten. Hier war die Hauptopferstätte, wo die Gefangenen auf einem Blocke von Jaspis hingeopfert wurden. Mit Schaudern sahen die Spanier, wie die Opferstätte sich von dem geronnenen Blute gefärbt hatte. —

Montezuma dachte nicht an offenen Widerstand, vielmehr überließ er es der Zukunft, ob sie den günstigen Augenblick bringen würde, in dem er sich der lästigen Fremdlinge entledigen könnte. Er kam im feierlichen Aufzuge, mit dem ganzen Gepränge seiner Herrscherwürde den Fremden entgegen. Cortez hing ihm eine Kette um den Hals, deren blitzende Glasperlen über den Wert des Geschenkes täuschen sollten. Es wurde ihm dann ein Palast als Wohnung überwiesen, der, an und für sich einer Feste gleichend, von den Spaniern durch Wachen und Kanonen noch mehr gesichert wurde. Sie bewunderten auch hier in den von den Wänden herabhängenden Teppichen den vorgeschrittenen Kunstbetrieb der Mexikaner.

Noch an demselben Abende stattete Montezuma dem Führer der Fremden seinen Besuch ab. Wie es schien, war er ganz in sein Schicksal ergeben, denn er versicherte, überzeugt zu sein, daß er jener Sage gemäß das Reich an den König von Spanien abtreten müßte.

Mit kleinem Gefolge begab sich Cortez am andern Tage in den königlichen Palast. Er sah mit Verwunderung einen Springbrunnen in einem der Höfe, das aus Quadratsteinen gefügte Mauerwerk, die mit Marmor und andern kostbaren Gesteine bekleideten Wände, die kunstvollen Teppiche. Er versuchte nun den König sofort zum Christentum zu bekehren, allein dieser wich jeder Erörterung darüber aus und erklärte sich nur bereit, dem Könige von Spanien Tribut zu entrichten.

Bernal Diaz, ein Augenzeuge dieser Begegnung, giebt von der Person Montezumas folgende Beschreibung: „Er mochte in dieser Zeit in seinem vierzigsten Jahre stehen. Er hatte eine ansehnliche Statur, war von schlankem Wuchse, aber etwas mager von Gliedern, doch in den besten Verhältnissen gebaut. Seine Farbe fiel nicht sehr ins Braune, sondern streifte nur an das Kolorit der Indianer. Seine Haare waren nur über den Ohren stark und bedeckten sie ganz mit ihren Locken. Er hatte einen schwachen, aber wohl aussehenden schwarzen Bart. Sein Gesicht war länglich und heiter, und seine wohlgeformten Augen drückten, je nachdem es paßte, Liebe und Ernst aus"*).

Indes waren beunruhigende Nachrichten von der Küste eingelaufen. Der dort befehlende Beamte des Königs hatte die spanische Besatzung, welche Cortez zurückgelassen, überfallen, einige Leute getötet und auch den Anführer ermordet. Cortez mußte fürchten, daß der Verrat nicht ohne Billigung des Königs geschehen sei und daher für seine eigene Sicherheit besorgt sein. Schwebte er doch mit seiner handvoll Leute ganz in der Luft!

Er kam daher auf den verwegenen Gedanken, den König in seiner Hauptstadt, inmitten eines zahlreichen und wohlbewaffneten Volkes gefangen zu nehmen. Er teilte nun dem Könige mit, daß er ihn als Urheber jener Gewaltthätigkeiten in Verdacht habe. Vergebens erklärte dieser sich bereit, die Schuldigen zu bestrafen; Cortez forderte, daß er seine Wohnung in das Quartier der Spanier verlege. Vergeblich erbot sich der König, seine Kinder als Geiseln zu geben. Aber durch Drohungen, welche aus dem Gefolge des Spaniers laut wurden, erschreckt, gab er nach, sicher mit schwerem Herzen. Schwerlich hat auch das Volk geglaubt, daß diese Übersiedlung eine freiwillige sei, wie Montezuma versichern mußte. So wurde dieser ein Gefangner, aber die gute Behandlung, die er anfangs erfuhr, wich bald einer andern, die darauf berechnet war, ihn in den Augen des Volkes so zu bemütigen, daß sein königliches Ansehen vernichtet werden mußte. Als nämlich die Rädelsführer jenes Überfalls, fünfzehn an der Zahl, den Spaniern ausgeliefert waren und nun angaben, daß Montezuma wirklich der Urheber jenes Verrats sei, so ließ Cortez sie verbrennen, den König aber fesseln. Er gab ihn freilich bald darauf frei und gestattete ihm sogar, in den Palast zurückzukehren; aber der König fühlte sich in den Augen seines Volkes so herabgewürdigt, daß er vorzog, zu bleiben, wo er war. Cortez hatte erreicht was er wollte, der König fürchtete sein eigenes Volk, weil er sich in dessen Augen verächtlich gemacht hatte.

Der Plan eines Neffen Montezumas, den König zu befreien, entging der Wachsamkeit des Cortez nicht; der Versuch wurde vereitelt, der Anführer gefangen genommen.

Nun mußte Montezuma öffentlich erklären, jene Prophezeiung sei in Erfüllung gegangen, der König von Spanien sei der rechtmäßige Herrscher des Landes, und den Unterthanen befehlen, ihm Gehorsam zu leisten und Abgaben zu zahlen. So ging auch der Form nach die Herrschaft des Landes an Cortez, den Statthalter König Karls von Spanien, über.

---

*) Ruge, S. 374.

Wir staunen über diese Verwegenheit der Spanier, welche nur ungestraft bleiben konnte bei der inneren Schwäche dieses ausgedehnten Reiches. Sie zogen denn auch im Lande umher, heimsten Abgaben ein und brachten eine Menge Kostbarkeiten und edle Gesteine zusammen. Da zog sich ein Ungewitter über dem Haupte des Statthalters und der Seinen zusammen, welches ihn mitten in seiner so erfolgreichen Thätigkeit zu vernichten drohte. Es ging nicht von Montezuma und seinem Volke aus, sondern kam von Kuba her, dessen Statthalter Velasquez voll Grimm war über die Eigenmächtigkeit seines Beamten. Dieser Grimm steigerte sich mit der Nachricht von den Erfolgen des Unbotmäßigen, welche den ganzen Ruhm, alle die erhofften Reichtümer und Ehren dem Urheber des Unternehmens aus der Hand winden mußten.

Er wußte in Spanien selbst sich Gehör zu verschaffen, um die Eigenmächtigkeit, ja die Unbotmäßigkeit des Cortez in das gehässigste Licht zu stellen, und schickte dann den Narvaez mit einer Rüstung von 800 wohl bewaffneten, auch mit schwerem Geschütz wohl versehenen Spaniern ab, um Cortez gefangen nach Kuba zu bringen. Narvaez landete bei Veracruz und forderte den dortigen Befehlshaber auf, sich mit ihm zu vereinen. Dieser aber schickte seine Abgesandten nach Mexiko, um ihre Sache dem Statthalter selbst vorzutragen. Cortez nahm sie ehrenvoll auf; es wurde ihm wohl leicht, ihnen begreiflich zu machen, wie das ganze, bisher so günstig verlaufene Unternehmen durch die Einmischung des Velasquez gefährdet sei, dadurch gewann er nicht nur diese Abgesandten für sich, sondern ließ auch durch Vertraute die Mannschaft des Narvaez durch dieselben Gründe so erfolgreich bearbeiten, daß es ihnen unausführbar erschien, ihrem Auftrage gemäß den Mann, der solche Erfolge aufzuweisen hatte, dem Statthalter von Kuba auszuliefern.

Cortez rückte nun von Mexiko aus, verstärkte seine Schar bis auf 260 Spanier und durch einige Tausend Tlascalaner und griff den Narvaez plötzlich in einer regnerischen finstern Nacht an, schlug ihn und nahm ihn gefangen. Es hatten nur Spanier gegen Spanier gefochten, denn Cortez hatte die Indianer fern gehalten, weil er sie nicht an einem Siege über Europäer teilnehmen lassen wollte. Er befestigte seine Macht nun durch die besiegten Soldaten des Gegners, welche sich ihm völlig anschlossen.

Unterdes hatte sein Vertreter in Mexiko durch übereilte Strenge eine große Gefahr heraufbeschworen. Weil ihm hinterbracht war, die Mexikaner wollten bei einem großen Feste den Montezuma befreien und die Spanier ermorden, ließ er, um die herandrängende Menge zu schrecken, auf sie einhauen. Aber die lang unterdrückte Erbitterung brach nun hervor, die Menge stürmte gegen das Quartier der Spanier mit solcher Gewalt an, daß diese sich nur mit Mühe in ihrer Feste behaupteten. Durch Eilboten wurde Cortez herbeigerufen. Es wurde ihm möglich, in die Stadt zurückzukehren und sich mit den Zurückgelassenen zu verbinden. Am folgenden Tage setzte sich der erbitterte Kampf fort; die Mexikaner überschütteten das Haus der Fremdlinge mit Pfeilen, wurden aber durch die Kugeln der schweren Geschütze fern gehalten. Am Morgen des folgenden Tages fielen die Spanier aus, feuerten unablässig auf die Menge und drangen mit den Speeren gegen sie vor. Aber ob sie auch eine große Anzahl der Feinde niedermachten, die Mexikaner wichen nicht zurück, konnten auch wohl nicht zurück wegen des Widerstandes der Nachdrängenden. Jetzt wurden die Spanier ernstlich bedroht; das ganze Volk nahm an dem Kampfe teil; große Steine fielen von den Dächern auf sie hernieder. Cortez ließ die nächsten Häuser anzünden, aber die Flammen verbreiteten sich nicht weit genug, um die Andrängenden in gewünschter Entfernung zu halten.

Die Lage der Spanier war nun eine höchst gefährliche; gegen die Massen des empörten und entschlossenen Volkes halfen selbst die überlegenen Waffen nichts, da die durch Kugeln gerissenen Lücken sich gleich wieder füllten. Cortez mußte versuchen, ob die Gegner noch auf die Stimme des Königs hörten; wenn nicht, so blieb nur der Versuch der Rettung durch den Rückzug übrig. Er bewog also Montezuma, im königlichen Schmucke auf dem platten Dache des Palastes zu erscheinen, sein Volk zum Aufgeben des Angriffes zu bewegen unter dem Versprechen, daß die Spanier in diesem Falle bereit seien, abzuziehen. Aber die Mahnung des Königs hatte die von den Spaniern erwünschte Wirkung nicht. Wohl hörte man ihm ruhig zu, nahm aber sein Benehmen als Feigheit auf, drohte ihm mit Absetzung und versicherte, das Volk werde den Kampf nicht eher aufgeben, bis die Spanier die Stadt verlassen hätten oder getötet seien. Man schritt auch sofort zur That, ohne sich durch die Gefahr, in welcher Montezuma schwebte, beirren zu lassen. Das Volk schleuderte Stein auf Stein auf den Palast. Da wurde der König selbst durch einen Steinwurf tötlich getroffen. Die Gewißheit, daß dieser Stein aus der Hand eines Mexikaners geflogen sei, ergriff ihn so, daß das Leben ihm ferner nicht mehr begehrenswert erschien. Er riß den Verband, welchen die Spanier ihm angelegt hatten, von der Wunde und verblutete freiwillig (1520).

Da der Tod des Königs die Hoffnung auf irgend eine Wendung zur Beruhigung des Volkes ganz benahm, vielmehr diesem ein Antrieb war, den Kampf bis zum Äußersten fortzusetzen, so mußte Cortez sich entschließen, den unhaltbaren Posten aufzugeben, so sehr er dem auch widerstreben mochte. —

In der Dunkelheit einer Julinacht brach er in aller Stille auf, eine tragbare Holzbrücke mit sich führend, um auf ihr die Wasserdurchlässe in den Dämmen überschreiten zu können. Das aufgehäufte Gold verteilte er unter die Soldaten, soweit es nicht dem Kronschatze angehörte. Manche beluben sich aber so schwer mit dem heiß begehrten Edelmetalle, daß sie am Gebrauche der Waffen gehindert wurden.

Der Abzug der verhaßten Feinde konnte aber nicht unbemerkt bleiben; als diese sich auf dem ersten Damme vorwärts bewegten, drängten die Mexikaner heftig nach; zur Seite erschienen zahlreiche Kähne, aus denen heftig auf die Spanier geschossen wurde. Als man die zweite Dammbrücke erreicht hatte, stürzten einige Pferde und rissen durch ihr Gewicht jene Brücken herunter. Nun wurden die vordersten Spanier in das Wasser gestoßen und dort getötet. Die Furcht vor dem Tode, den nur eilige Flucht abwenden könnte, bemächtigte sich der tapferen Schar, jeder für das eigene Leben besorgt, drängte hastig vorwärts. Die Kanonen, Pferde- und Menschenleiber füllten die Lücke in dem Damme, darüber hinweg eilten, von den Verfolgern heftig gedrängt, die noch am Leben waren dem Lande zu. Es war eine entsetzliche Nacht, die vom 1. zum 2. Juli 1520. Noch lange hat sie im Gedächtnisse der Menschen gehaftet als la noche triste, die traurige Nacht.

Cortez erreichte das Festland endlich, aber mit schweren Verlusten an Menschen, nach der Einbuße der Pferde, Karren, Kanonen, der Munition. Unter einem Cedernbaume lagerte er mit den Mannschaften, welche dem Tode entronnen waren; man zeigt den Baum heute noch.

Auf den Dämmen hatte Cortez das Westgestade des Sees erreicht, er mußte denselben nun im Norden umgehen, um in die östliche Richtung zu kommen. Bei Otumbe, wo der Weg durch die Höhen führt, welche das Thalbecken der Hauptstadt Mexikos im Osten begrenzen, erfolgte der Angriff eines Heeres der Eingebornen, das man auf 200 000 Mann schätzte. Mag es geringer gewesen sein, es war groß genug, um das Häuflein der Spanier vollständig verschwinden zu lassen; sie wurden auseinander gedrängt und fochten in Einzelkämpfen. Cortez suchte ihren Mut aufrecht zu erhalten durch Beispiel und ermunternden Zuruf, da trafen ihn einige Steinwürfe so heftig an den Kopf, daß er kampfunfähig wurde. Damit schien das Schicksal der Spanier besiegelt. Da aber erhob sich Juan Salamanca zu der rettenden That. Als er den Anführer des feindlichen Heeres mit der Fahne sah, drang er mit einigen Gefährten auf ihn ein, tötete ihn und erbeutete das Feldzeichen. Da ergriff Bestürzung das Volk der Mexikaner; sie wandten sich in hastiger Flucht. In Tlascala fanden die Spanier erst wieder Ruhe und Wiederherstellung ihrer Kräfte, Heilung ihrer Wunden. Was hatten sie alles erlebt und erlitten! In der Abspannung nach der bestandenen Gefahr war es ihnen wohl, als hätten sie Unmögliches erstrebt, als müßten sie davon ablassen und nach Hause zurückkehren. Aber als Cortez genesen war, fand der Held bald die Spannkraft der Seele mit dem verwegenen Mute wieder und teilte ihn den Seinen mit. Sein kleines Heer wurde durch eine neue Mannschaft verstärkt, die Velasquez abgeschickt hatte, Cortez zu fangen. Sie ging aber zu diesem über, so daß er wieder gegen 600 Mann zählte. Das Hilfsheer der Eingeborenen, welche die mexikanische Oberherrschaft durch seine Hülfe abzuwälzen hofften, mochte sich auf 100 000 Mann belaufen.

Cortez hatte die Unmöglichkeit gesehen, der Stadt Herr zu werden, wenn er nicht die Boote aus seiner Flanke verjagen konnte. Er beschloß daher, Schiffe zu bauen, und durch ihre Mitwirkung wieder zum Angriffe vorzugehen. Das Holz wurde in Tlascala zurecht gezimmert und dann auf den Schultern der Tlascalaner an den See getragen, um dort zusammengefügt zu werden; Eisen, Taue, Leinwand kam von der Küste her.

Die Schiffe wurden durch einen eigens zu diesem Zwecke hergestellten Graben in den See gelassen, und nun unterwarf Cortez erst die um denselben liegenden Ortschaften. Bei dieser Gelegenheit wäre er beinahe in die Hände des Feindes gefallen; doch rettete ihn die Geistesgegenwart eines Dieners und der rechtzeitige Beistand eines Tlascalaners. Auch eine Verschwörung im eigenen Lager bedrohte sein Leben. Aber mit bewundernswerter Umsicht und unbeugsamem Mute wußte der heldenmütige Mann allen diesen Gefahren zu begegnen und sie zu überwinden.

Nachdem die Flotte den See erreicht hatte, war es ihr ein leichtes, die Kähne der Mexikaner fortzufegen. Sie wurden von den schweren Fahrzeugen der Europäer übersegelt oder durch Kanonenkugeln in den Grund gebohrt; durch Zerstörung der Leitungsröhren schnitt man der Stadt das Trinkwasser ab. Dann schritt Cortez wieder zum Angriffe; in drei Abteilungen gingen die Spanier auf den Dämmen vor, deren Lücken sie zuschütteten, flankiert von den Schiffen, welche die Boote fern hielten. Die Mexikaner zeigten unter der Anführung eines neuen Königs, eines Neffen Montezumas, große Entschlossenheit; sie rissen neue Lücken in die Dämme und widersetzten sich auch sonst dem Vordringen der Feinde mit großer Tapferkeit. Ihr wütendes Kriegsgeschrei tönte drohend den Spaniern in die Ohren. So schwankte der Kampf lange unentschieden hin und her; die Spanier drangen zwar in die Stadt, wurden aber wieder hinausgedrängt, umzingelt und so in große Bedrängnis gebracht; aber die Reiterei stellte das Gefecht wieder her. Endlich gelangten die Spanier kämpfend zu dem großen Tempel, und zertrümmerten seine Götzenbilder. Aber noch wagten sie nicht, in der Stadt zu bleiben, sondern zogen sich abends zurück, um den Angriff am nächsten Morgen zu erneuern. Wäre Mexiko eine festgefügte Monarchie gewesen, wer weiß, ob der kleine spanische Heerkörper sich doch nicht an den sich immer wieder ergänzenden Massen der Mexikaner verblutet hätte. So aber gingen während des Kampfes Fürsten, welche des Königs Oberherrschaft unwillig getragen hatten, zu Cortez über.

Der Widerstand der Stadtbewohner blieb ein verzweifelter. Wo die Spanier in die Stadt eindrangen, brannten sie die Gebäude nieder, schossen mit Kanonen die Straßen entlang, ließen keine Lebensmittel herein; dennoch setzten die Städter den erbitterten Kampf fort. Vergebens erhoffte Cortez täglich die Unterwerfung; nun waren ja schon drei Wochen vergangen unter diesen Kämpfen von Haus zu Haus, von Straße zu Straße. Ein Hauptangriff, den Cortez unternahm, mißglückte; er selbst stürzte, am Fuße verwundet, zu Boden und entging dem Tode wieder nur durch die rechtzeitige Hülfe der Seinen. Mehrere seiner Gefährten aber fielen in die Hände der Mexikaner und dem Götzen zum Opfer. Die Spanier wußten, was die Trommel des Kriegsgottes bedeutete, bald sahen sie auch den Opferzug die Stufen des Tempels emporsteigen, nahmen wahr, wie ihre unglücklichen Gefährten zum Opfertode geschmückt, gezwungen wurden, vor dem Götzen zu tanzen, wie ihnen die Brust mit Steinmessern aufgeschnitten und die Herzen herausgerissen wurden. Führwahr, wer das mit ansah, konnte doch glauben, er sei infolge einer göttlichen Sendung in diesem Lande, um die Greuel des Götzendienstes zu vernichten!

Der Kampf setzte sich Tag für Tag fort; ein Haus nach dem andern mußte erobert werden und ward dann niedergebrannt. Die Eingeborenen schienen mit ihrer Stadt untergehen zu wollen. Endlich war die Kraft des Volkes gebrochen, der König verzagte, er wurde bei einem Fluchtversuch eingeholt und gefangen. Die Krieger, welche nur als Hilfstruppen in der Stadt anwesend waren, benutzten die Erlaubnis des spanischen Führers und zogen ab. Was da blieb, leistete keinen Widerstand mehr; der Hunger hatte schließlich die letzte Kraft gebrochen. Man berechnet die Zahl der Toten auf 200 000. Die Beute, reich an rohem und künstlich zu allerlei Gerät verarbeitetem Golde, wurde nach Europa an König Karl geschickt, begleitet von einem Berichte, welcher ihm zuerst ein Bild gab von der Größe und dem Reichtum des eroberten Königreichs „Neuspanien".

Cortez hatte zerstört, aber er verstand auch, wieder aufzubauen. Der Tempel des bluttriefenden Götzen stürzte zusammen; an seiner Stelle erhob sich die Kirche des heiligen Franziskus; neue Straßen entstanden unter dem Zustrome einer spanischen Bevölkerung; die alte Kultur war vernichtet, eine neue erstand. Die Unterworfenen wurden als Leibeigene unter die spanischen Pflanzer verteilt, nur den Tlascalanern vergalt man die bewiesene Treue, indem man ihnen die Freiheit ließ.

Damit war die Thätigkeit des Cortez noch lange nicht erschöpft; er erweiterte das neue Königreich am Meerbusen von Mexiko, wie bis zur Südsee. Noch lag seine Sache unentschieden im Schoße der spanischen Regierung; ja hier entschied man sich auf die Autorität des Erzbischofs Fonseca, des Ministers für Indien, gegen ihn. Als aber Karl vom Reichstage zu Worms, wo er Luther in die Reichsacht gethan hatte, nach seinem spanischen Königreiche zurückgekehrt war und die Schätze der neuen Welt gesehen hatte, siegte die Sache des verdienten Mannes. Er wurde zum Statthalter und Oberbefehlshaber in Neuspanien ernannt. Wir haben in Cortez den verwegenen Unternehmer, den umsichtigen und tapferen Truppenführer bewundert, nun erkennen wir in ihm auch den weitsichtigen klugen Ordner des eroberten Reiches.

Seine vornehmste Sorge ging dahin, eine Durchfahrt durch Mittelamerika zu finden, um den Weg nach Asien — die südliche Durchfahrt war unterdes von dem Portugiesen Magelhäes aufgefunden — zu verkürzen. Seine dahin gehenden Bemühungen mußten ja vergeblich sein; sie führten aber zu einer Reihe von Feldzügen, welche seine Unterfeldherrn und er selbst unternahmen. So wurden Guatemala, Honduras, Yucatan erobert. Die Unternehmungen waren im hohen Grade mühevoll und gefahrvoll, gaben aber Cortez aufs neue Gelegenheit, Mut, Ausdauer und außergewöhnliche Umsicht zu bewähren.

Als er von diesen Fahrten in sein Vicekönigreich zurückkehrte, fand er dort einen Oberrichter vor, welcher die vielfachen Beschuldigungen, die am spanischen Hofe gegen ihn vorgebracht wurden, untersuchen sollte. Cortez entschloß sich schnell, der drohenden Gefahr dadurch vorzubeugen, daß er sich selbst nach Spanien zum Könige begab. Dort wurde er mit großer Feierlichkeit empfangen, Karl überwies ihm reiche Güter in Neuspanien; er blieb Befehlshaber über die dortigen Truppen; die Statthalterschaft aber verlor er.

Auch in der so beengten Stellung blieb Cortez nicht unthätig; besonders suchte er die Westküste Mexikos weiter zu erforschen und entdeckte hier den Meerbusen von Californien. Als ihm wegen der Opfer, welche diese Unternehmungen kosteten, eine weitere Thätigkeit untersagt wurde, begab er sich zum zweiten male nach Spanien, ohne jedoch für seine Wünsche Beachtung zu finden. Wir hören, daß er 1541 den König auf seinem Feldzuge gegen Algier begleitet, dann aber verschwand er vor dem Auge der Mitwelt. Cortez stirbt vergessen 1547 in der Nähe von Sevilla. Wie die des Columbus, fanden auch seine Gebeine nicht sofort Ruhe. Sie wurden 1562 nach Neuspanien übergeführt, ruhten über 60 Jahre in Tezcuco, wurden dann in der Franziskanerkirche zu Mexiko und nach Verlauf von weiteren 60 Jahren in einem von ihm gestifteten Kloster beigesetzt. Dort sind sie nicht mehr vorhanden; niemand weiß genau, wohin sie gekommen. Cortez war von allen Entdeckern und Eroberern ohne Zweifel der bedeutendste. Schon an Bildung überragte er sie alle, denn er hatte ernste juristische Studien auf der Universität betrieben, sprach lateinisch und drückte sich auch in seiner Muttersprache geschmackvoll aus.

Seine Gestalt war groß und kräftig, seine Haltung vornehm, seine Kleidung einfach; ein schwarzer Bart bedeckte sein Kinn. Wir sind oft Zeugen seiner Tapferkeit, seiner Ausdauer und seiner Geistesgegenwart gewesen. Er focht im heißen Kampf den Seinen voran, ermunterte sie durch kräftigen Zuruf, wenn sie vor der Gefahr zurückschreckten. Wir haben ebenso seine außerordentliche Umsicht kennen gelernt, die er in der Verwaltung der eroberten Länder an den Tag legte. Er war von Natur nicht grausam und vermied unnützes Blutvergießen, aber wo Gefahr drohte, schreckte er durch Todesstrafe auch diejenigen, deren Schuld noch nicht sicher festgestellt war. Er hatte sich ebenfalls über den Undank des Hofes zu beklagen, aber sein Geschick gestaltete sich doch günstiger, als das des Entdeckers von Amerika, denn der König, obgleich er ihm die Statthalterschaft nahm, belohnte ihn doch mit fürstlichen Reichtümern.

Die Eroberung von Peru.

Die Spanier gingen rastlos neuen Eroberungen nach. So wandten sie sich gegen den Norden des Meerbusens von Mexiko, setzten sich auf Florida fest, fanden den Mississippi, drangen auch in das Innere Nordamerikas bis zum Albama, Teneffee und zu dem Fuße der Felsengebirge vor. Man gewann die Überzeugung, daß man sich in einem weit ausgedehnten Lande befinde. Später gelangte man nach Californien, ohne jedoch von dem Goldreichtume dieses Landes Kenntnis zu erhalten. Die Spanier drangen etwa bis zum 43. Grad nördlicher Breite an dem westlichen Ocean vor, dann hörten ihre Entdeckungen in Nordamerika auf.

Von dem Goldlande Peru hatten sie Kenntnis erhalten, als sie 1522 vom Panamagolfe aus nach Süden vordrangen.

Hinter einem sandigen, dürren Küstenstrich erhebt sich hier die mächtige Andenkette, zwischen ihren einzelnen Zügen fruchtbare Hochthäler einschließend. Die Kultur des Landes, in dem wie in Mexiko ein Volk das andere in der Herrschaft abgelöst hatte, war eine bedeutend entwickelte; an der Spitze des Staates stand das Königsgeschlecht der Incas, welches seinen Stamm auf Manco Copac (etwa um 1000 n. Ch.) zurückführte. Ihre Residenz war das in einem solchen Hochthale gelegene Cuzco; eine Insel im Titicacasee barg die ältesten Heiligtümer des Volkes; eine andere Residenz war Quito. Als das höchste Wesen verehrte das Volk die Sonne, die in Gestalt von Götzenbildern in mit Gold reich geschmückten Tempeln verehrt wurde. Als Söhne der Sonne galten die Könige, die das Volk mit unbeschränkter Gewalt beherrschten. Priester und Edelleute standen dem Throne zunächst und halfen das Volk in Gehorsam halten. Jeglicher Grundbesitz war entweder Eigentum des Tempels, des Inca oder des Staates; hier gab es keinen Privatbesitz; die Äcker wurden in jedem Frühjahr zur Bebauung aufgeteilt, jeder erhielt Lebensmittel je nach der Größe seiner Familie aus dem Ertrage zugewiesen. Die Peruaner zeigten eine vorgeschrittene Kultur in ihrem rationell betriebenen Ackerbau, in der Herstellung von wollenen und baumwollenen Gewändern, von Haus- und Kriegsgeräten aus Kupfer, Stein und Gold, geschliffenen Spiegeln, in weit reichenden Wasserleitungen, besonders aber in einem Straßenbau, dessen Reste auch neuere Reisende, wie Alexander von Humboldt, in Staunen gesetzt haben. Die Leichen der Könige und besonders angesehener Personen wurden einbalsamiert.

Die Eroberung dieses weiten und reichen Landes unternahm Franz Pizarro, unterstützt von dem tapferen Almagro. Der erstere landete 1526 nach vorhergegangenen fruchtlosen Versuchen auf einer Insel an der Küste und hielt sich hier mit seiner kleinen Mannschaft in bewundernswerter Ausdauer gegen den ausdrücklichen Befehl des Statthalters zu Panama, welcher das Unternehmen bei so geringen Mitteln für aussichtslos hielt.

Aber Pizarro war fest entschlossen, zum Ziele zu kommen. Nachdem er die Küste erkundet und Proben des großen Reichtums des Landes gesammelt hatte, begab er sich zum Könige nach Spanien und setzte in der That durch seine Schilderung und das Vorzeigen jener Kostbarkeiten durch, daß er zum Statthalter des zu erobernden Landes ernannt wurde. Freilich die Unterstützung, welche der König ihm gewährte, war eine so geringe, daß er auf die eigene Kraft und die Geldmittel eines Geistlichen namens de Luque angewiesen blieb. Mit seiner kriegerischen Tüchtigkeit war ihm Almagro die Hauptstütze bei seinem kühnen Unternehmen. Als er (1532) wieder an der Küste Perus erschien, belief sich seine ganze Macht auf 168 Mann, mit denen er die Eroberung des großen und volkreichen Reiches unternahm.

Freilich, die Verhältnisse lagen insofern für ihn günstig, als unter den Herrschern in Peru ein Bruderkrieg ausgebrochen war. Der Inca Atahualpa hatte seinen Bruder Huascar besiegt, gefangen genommen und des Reiches beraubt, damit aber in den Anhängern des Bruders eine starke Partei gegen sich, die, vorläufig zum Schweigen gebracht, auf eine Gelegenheit harrte, ihren König zu rächen. Pizarro legte nach seiner Landung die Stadt St. Miquel an und nahm alles umliegende Land für seinen König in Besitz. Dann machte er sich nach dem Innern auf, indem er die große Kriegsstraße aufwärts stieg, gerade auf das Lager des Inca zu, der mit einem Heere von etwa 4000 Mann unfern der Stadt Camajarka lagerte. Diese Stadt war von den Einwohnern verlassen; die Spanier konnten sich daher in ihr bequem einrichten und sich vor Überfällen sicher fühlen, da eine Mauer rings um den Ort lief.

Mit seiner Handvoll Menschen den Inca in offener Feldschlacht zu überwinden, schien dem Spanier doch unmöglich; er beschloß daher, wie das auch in Mexiko dem Cortes geglückt war, den König mitten aus seinem Heere herauszuholen und ihn zum Gefangenen zu machen. Auf Lug, Trug und Verrat war der ganze Plan erbaut, und mit diesen Waffen ward er durchgeführt. Die Spanier mochten ihr Gewissen, wenn es sich wegen des Verrates an einem Heiden überhaupt regte, dadurch beruhigen, daß gegen einen Verräter und Verwandtenräuber alles erlaubt sei, besonders wenn man zur größeren Ehre Gottes ein Heidenvolk zum Christentum bekehren konnte.

Zunächst wurde eine Gesandtschaft zum Inca geschickt, um ihn in das spanische Lager einzuladen; sie bestand aus einem Reitertrupp, der im Heranreiten seine Reiterkünste zum Besten gab, um dem Inca und seinem Volke durch diese ihnen ganz neue Erscheinung Furcht einzujagen. Atahualpa empfing den Abgeordneten auf einem Throne sitzend und ließ die Anrede eines jüngeren Bruders Pizarros, welche ein Dolmetsch ihm übertrug, über sich ergehen. Sie gipfelte darin, daß der Redner ein Abgesandter des spanischen Königs und daß er bereit sei, die Peruaner zum Christentume zu bekehren.

Der Inca sagte darauf nichts. Was sollte er auch sagen? Es war ihm diesen Fremdlingen gegenüber vor allen Dingen Vorsicht geboten; eine sofortige Ablehnung war für ihn so gefahrvoll, wie eine Zusage. Es galt Zeit gewinnen, vor allem die Macht der Spanier kennen zu lernen. Er sagte daher vorläufig zu, die Fremdlinge am andern Tage in ihrem Lager zu besuchen. In der Fülle seiner Macht, umgeben von einem starken Heere, konnte ihm eine Ahnung von ihrem verwegenen Plane kaum kommen.

Pizarro hatte unterdes die Rollen verteilt; die Mannschaft, welche den Überfall bewerkstelligen sollte, wurde verborgen; auch ein Priester war bereit, die Komödie mitzuspielen. Als Atahualpa erschien, gefolgt von 5000 Mann, wurde er eingeladen, auf dem Hauptplatze der Stadt sich niederzulassen. Nun trat der Priester vor und begann sogleich das Werk der Bekehrung. Er erzählte langes und breites aus der biblischen Geschichte, aus dem alten und neuen Testamente, kam auf Christus und dann auf den Papst, als den Nachfolger Christi, das Haupt der Christenheit. Auf eine Handvoll Unwahrheiten kam es nicht an; so stellte er den Papst auch als weltlichen Oberherrn der Christenheit dar, der den einzelnen Fürsten ihre Länder zugewiesen habe. Als der Inca entgegnete, ihm sei von allen diesen Dingen nichts bekannt, überreichte der Priester ihm eine Bibel, darin sei alles enthalten. Nun hatte der König von einem Buche überhaupt keine Vorstellung, denn die Peruaner waren nicht im Besitze einer Schrift, ihre brieflichen Mitteilungen machten sie sich durch eigentümliche geknotete und gefärbte Fäden. Er nahm daher das Buch in die Hand, vielleicht in der Erwartung, es werde zu ihm reden; als er aber nichts vernahm, äußerte er, es sage ja nichts und warf es auf die Erde.

Nun hatten die Spanier einen triftigen Vorwand für ihren beschlossenen Verrat, das heilige Buch war geschändet. Auf ein von Pizarro gegebenes Zeichen brachen Bewaffnete hervor, stürzten auf den Inca ein und bemächtigten sich seiner Person. Sein Gefolge drängte hinzu, um den König zu schützen, es entbrannte ein heftiger Kampf, endete aber dank den Feuerwaffen der Europäer, den Musketen und den Kanonen, mit einer gänzlichen Niederlage der Peruaner, unter denen ein furchtbares Blutbad angerichtet wurde. Leicht wurde dann auch das zurückgebliebene Hauptheer geschlagen.

Der gefangene Atahualpa hegte nun die Hoffnung, durch seine Schätze die Freiheit wieder zu gewinnen; er erbot sich, ein ganzes Zimmer, so hoch man mit der Hand reichen konnte, mit Gold auszufüllen. Er ließ die Tempel plündern, um es so bald als möglich herbeizuschaffen und hielt, was er versprochen hatte. Da er unterdes einer leiblichen Freiheit genoß, und der Verkehr mit der Außenwelt ihm nicht abgeschnitten wurde, konnte er eine für ihn verhängnisvolle That begehen. Er hatte gehört, daß die Fremden mit seinem entthronten Bruder in Unterhandlung getreten waren; befürchtend, daß sie sich seiner bedienen würden, um aus dem Thronstreite Vorteil zu ziehen, gab er Befehl, den Bruder zu ermorden. Pünktlich wurde die Blutthat vollbracht.

Sie kam den Spaniern doppelt willkommen; denn einmal waren sie dadurch des thronberechtigten Königssohnes, welcher eine starke Partei hinter sich hatte, entledigt, dann aber konnten sie aus der Blutthat die Berechtigung hernehmen, dem Inca das Versprechen der Freiheit nicht nur nicht zu halten, sondern ihn zu verderben, wie ja längst beschlossene Sache war. Sie beschuldigten ihn, eine Empörung des Volkes angezettelt zu haben. Zwar konnten die da ausgesandt waren, den Aufstand zu entdecken, nichts von ihm finden, denn das peruanische Volk verhielt sich ganz ruhig, aber man behauptete ihn dennoch und stellte Atahualpa vor Gericht. Der Strang wurde gedreht aus den Anklagen des Verrats, des Brudermordes und der — Gotteslästerung. Man nahm alle diese Beschuldigungen als erwiesen an und verurteilte den Inca zum Feuertode. Dieser Art der Hinrichtung entging er freilich dadurch, daß er sich noch taufen ließ, aber nicht dem Strange. So starb der letzte Inca von Peru. Zwar unsere Zuneigung kann der Thronräuber und Brudermörder nicht gewinnen, aber seinen christlichen Henkern gegenüber können wir dem Heiden unsere menschliche Teilnahme nicht versagen.

Die Peruaner verhielten sich im ganzen ruhig, ihre Anhänglichkeit an den Inca mochte wohl keine so große gewesen sein; diejenigen, die aber seinen Tod rächen wollten, entbehrten jeder tüchtigen Führung, und offenbar hatte die Keckheit der Spanier so verblüffend auf sie eingewirkt, daß sie sich ihrer Übermacht gar nicht mehr bewußt schienen, mit der sie das spanische Häuflein mit Leichtigkeit hätten erdrücken können.

So konnte denn Pizarro, dem Almagro eben Hülfstruppen zugeführt hatte, das Reich ruhig durchziehen und in seinen einzelnen Teilen unterwerfen. Diese Züge waren natürlich Raubzüge der schlimmsten Art, hauptsächlich unternommen, um Gold und andere Kostbarkeiten zusammenzutreiben. Da boten sich der Habgier dieses Volkes als besonders ergiebig die Tempel dar, welche die Peruaner mit reicher Pracht auszustatten pflegten. So war der Sonnentempel in Cuzco mit Goldplatten belegt; die Spanier konnten außer anderen Schätzeu ihrer 700 fortschleppen. Die Plünderer kamen endlich mit 200 Fuhren Goldes, 25 Fuhren Silbers und 60 Fuhren geringerwertigen Metalles in Cajamarca, der Residenz Pizarros an. Man teilte dort den Raub, der nach unserm Gelde gegen 50 Millionen Mark betragen haben wird, unter die Führer und die Soldaten, nachdem ein Fünftel für den König abgesondert war.

Nachdem Almagro einen höchst beschwerlichen und dazu erfolglosen Zug nach Chile unternommen hatte, kam er noch gerade zu rechter Zeit nach Peru zurück, um Pizarro gegen Inca Manco, welcher als spanischer Vasall auf den Thron erhoben, einen letzten Versuch machte, die Unabhängigkeit Perus wieder herzustellen, erfolgreich beizustehen. Bald darauf kam es aber zwischen beiden, dem Pizarro und Almagro zu Streitigkeiten, die sich in dem Grade steigerten, daß ein Krieg daraus entstand. Hier fiel Almagro in die Hände Fernando Pizarros und wurde von ihm getötet. Die Rache folgte dieser That auf dem Fuße. Die Anhänger Almagros drangen in Lima (Ciudad do los Reyes), der neuerbauten Residenz des Statthalters, in seinen Palast ein und töteten ihn mit einem seiner Brüder. Der junge Almagro unterlag bald darauf dem neu ernannten Statthalter Castro in einer Schlacht, wurde gefangen und enthauptet. Eine Zeitlang spielte noch Gonzalo Pizarro eine Rolle; es schien, als würde er die Statthalterschaft des Bruders mit Waffengewalt behaupten. Allein in der Schlacht, die er dem vom Könige eingesetzten Statthalter liefern wollte, ging sein Heer zu dem Gegner über. Er wurde gefangen und enthauptet.

So ging von diesen unternehmenden Männern einer nach dem andern zu Grunde. Leider haben sie durch Grausamkeit, Habgier und Treulosigkeit ihren Ruhm befleckt, den sie durch die kühne Eroberung des weiten und reichen Landes erworben hatten.

Auch Spanien hat einen bleibenden Gewinn von den Goldströmen, die ihm aus diesem Lande zuflossen, nicht gehabt.

Erwähnung verdient auch die mit wunderbarer Kühnheit ausgeführte Fahrt der Spanier unter Orellana. Gonzalo Pizarro hatte einen Zug in den Urwald unternommen und dabei befohlen, ihm auf einem Flusse Lebensmittel zuzuführen. Es war Orellana aber nicht möglich, den Fluß aufwärts fahrend, vorwärts zu kommen. Er wurde vielmehr von der Strömung so weit abwärts getrieben, daß er den Marañon erreichte. Die Größe des Stromes ließ ihn schließen, daß er sich auf dem Wege zum Meere befinde. Er baute noch ein zweites Schiff, verteilte die Mannschaft auf beide und trieb den sich immer mehr verbreiternden Fluß abwärts. Einen der vielen Nebenflüsse nannten die Spanier von seiner dunklen Farbe Rio negro. Man gelangte auf dieser Fahrt zu einem von kriegerischen Weibern bewohnten Indianerdorfe, die die Fremden mit Speerwürfen begrüßten; daher nannte man den Fluß Amazonenstrom. Endlich erreichten die Spanier das Atlantische Meer und kamen von da nach der Insel Margaritha. Mit Recht hat man diese Stromfahrt mit Stanleys Congofahrt verglichen*).

---

*) Ruge, S. 457.

IV. Die erste Erdumsegelung.

Columbus war gen Westen gefahren, um auf diesem Wege die Ostseite Asiens zu erreichen, er hatte einen neuen Erdteil gefunden, aber in der verhängnisvollen Täuschung befangen, er habe das gesteckte Ziel erreicht, erkannte er das gefundene Land nicht als einen solchen, sondern starb in dem Wahne, Indien erreicht zu haben. Seitdem war die atlantische Seite des neuen Landes zwischen dem 43° nördl. und 25° südl. Breite bekannt geworden; Balboa hatte den Isthmus von Panama überschritten, den Stillen Ocean gefunden, und auch diese Küsten waren von der Spitze des Meerbusens von Californien bis nach Chile erforscht worden. Zwei mächtige Reiche, Mexiko und Peru, weite Nebenländer nicht gerechnet, waren dem spanischen Zepter unterworfen worden. Man hatte so viel von dem ursprünglichen Entdecker nicht Gesuchtes gefunden, so unermeßliche Schätze gewonnen, daß die spanische Krone das ursprüngliche Ziel nicht weiter verfolgte.

Dennoch war der Gedanke, eine Durchfahrt durch diese Erdmassen zu finden, in den Forschern nicht zur Ruhe gekommen. Hatte sie doch schon Columbus gesucht, nur in seiner Weise an der vermeintlichen Küste Asiens. Aber der Körper des neuen Weltteils, so sehr er sich auch in seiner Mitte verengte, trotzte allen Versuchen, die ersehnte Straße zu finden. Man suchte sie nun im Süden; fand man sie auch dort nicht, so galt es den Versuch, Amerika im Süden zu umschiffen, wie die Portugiesen Afrika umfahren hatten.

Amerigo Vespucci war es, der den Gedanken zuerst anregte, den Weg nach Indien im Süden Amerikas zu suchen. Ihm selbst aber blieb es versagt, so weit nach Süden vorzubringen, nicht minder Pinzon und de Solis, welche nach ihm Versuche machten. Trotzdem hatte sich merkwürdiger Weise die Vorstellung von einer vorhandenen Durchfahrt nahe der Südspitze Amerikas derart festgesetzt, daß die Straße bereits auf Karten, wenngleich in einer der Wirklichkeit wenig entsprechenden Weise erscheint, so auf der, welche der Deutsche Johann Schoner 1515 entwarf. Man darf daher wohl vermuten, daß das Vorhandensein der Straße bereits bekannt war, sei es durch eine uns unbekannte Unternehmung, sei es durch Erkundigungen bei den Eingeborenen. So soll auch Magelhäes im Besitze einer Karte gewesen sein, auf welcher der Deutsche Martin Behaim die Straße verzeichnet hatte.

Wie dem auch sei; war sie auch in der Vorstellung der Menschen vorhanden, sie mußte doch in Wirklichkeit aufgefunden werden. Den nächsten Versuch machte Diaz de Solis mit spanischen Schiffen. Er gelangte bis zum La Plata, landete hier, wurde von Eingeborenen überfallen, getötet und aufgefressen. — Die Straße wirklich aufgefunden zu haben, ist das Verdienst des Portugiesen Magelhäes. Aber er fand sie nicht blos, er durchfuhr sie und erreichte, die Südsee durchsegelnd, die Inseln an der asiatischen Küste. Er ist der Vollender des Gedankens des Columbus und hat dadurch den Anfang der ersten Erdumsegelung gemacht, die zu vollenden ihm leider versagt blieb.

Fernando Magelhäes war Portugiese von Geburt, wandte aber seinem Vaterlande den Rücken, als er sich mit Undank belohnt glaubte und ein Feld für seine Unternehmungen nicht mehr fand. Er hatte sich an den Entdeckungsfahrten an der Westküste Afrikas beteiligt, war nach Indien gelangt; dort aber von dem Statthalter Albuquerque zurückgesetzt, fühlte er sich in dem Maße gekränkt, daß er nach Portugal zurückkehrte.

Er beteiligte sich an einem Feldzuge gegen Marokko, fiel aber auch bei dem Könige von Portugal in Ungnade und trat nun in das Privatleben über. Während dieser Zeit beschäftigte ihn der Gedanke, einen südwestlichen Weg nach Asien zu suchen je mehr und mehr; im Umgange mit gelehrten Männern ward er in seiner Überzeugung bestärkt und zum Entschluß gebracht. Er begab sich darauf nach Spanien und bot dem Könige seine Dienste an. Nachdem sie angenommen waren, wurden ihm fünf Schiffe ausgerüstet. Im September 1519 verließ Magelhäes mit ihnen den Hafen von St. Lucar.

Die Fahrt ging über die Capverdischen Inseln und von dort die Guineaküste entlang, und dann nach Amerika hinüber. Die Schiffe erreichten den Wendekreis des Steinbocks, darauf die Mündung des Laplatastromes. Hier suchte man eifrig aber vergebens nach einer Durchfahrt. Indem man nun die Fahrt nach Süden fortsetzte, unterließ man es nicht, in jede der vielen Einschnitte des südlichsten Teiles des Festlandes einzufahren, immer aber kehrte man ohne Erfolg zurück.

Magelhäes sah sich genötigt, an der Küste von Patagonien zu überwintern. Die lange und anstrengende Fahrt, die Besorgnis, dem Mangel anheimzufallen, der Widerwille, unter einem Ausländer zu dienen, bewirkte, daß einige der Kapitäne sich unbotmäßig bewiesen, ja den Plan faßten, den Führer zur Umkehr zu bewegen. Aber die große Entschlossenheit, mit welcher dieser den Meuterern entgegentrat, und die Treue der andern Kapitäne befreite Magelhäes von der drohenden Gefahr, nach so langer und mühevoller Fahrt unverrichteter Sache umkehren zu müssen.

So drang man denn endlich weiter vor, nachdem man an die 5 Monate in dem St. Julianshafen verweilt hatte. Diesem Aufenthalte verdanken die Eingeborenen den Namen „Patagonier", so nämlich nannten sie die Spanier wegen ihrer Plattfüße. — Man erreichte, an der Küste weiter segelnd, einen Hafen, und nannte ihn den Heiligkreuzhafen. Die Schwierigkeiten aber häuften sich, die Schiffe litten unter Sturm und Wogen; die Mannschaft wurde mutlos. Aber wie ein Fels in der Brandung stand der große Mann fest; allem Drängen setzte er den entschiedenen Willen entgegen, nicht umzukehren, ehe er die Straße oder das Ende des Erdteils erreicht habe.

Endlich am 21. Oktober 1520 kam er zu einem Vorgebirge, welches den Namen Birgenes erhielt; hinter ihm zeigte sich die Straße. — Nachdem er das Fahrwasser in derselben hatte untersuchen lassen, fuhr er trotz des Widerstrebens einiger Kapitäne, welche wegen des nur auf drei Monate reichenden Proviants noch jetzt umkehren wollten, hinein und fand endlich nach vielem Umhertasten in den Windungen der Straße den Ausweg. Das eine der Schiffe war aber davongesegelt, um in der Heimat zu melden, der Führer der Unternehmung sei ein unwissender Mensch, der Schiffe wie Mannschaft dem Verderben entgegenführe.

Die Straße geht nicht in einem Zuge von Ost nach West, sondern zieht zuerst nach Südwest und dann nach Nordwest; sie ist 600 Kilometer lang und hat eine Breite zwischen 4 und 5 Kilometern. Zwischen jenen beiden Abschnitten befindet sich ein breiteres Wasser. Zwischen Felsklippen von der Höhe bis gegen 200 m windet sich die Straße bald enger, bald breiter durch, auch nach den Seiten tote Arme aussendend, so daß die Durchfahrt erst nach sorgfältigem Durchsuchen dieser Wasserarme aufgefunden werden konnte. Eine beständige Feuchtigkeit beherrscht die Luft, Stürme wüten in der Straße; wenn der Wind aus Westen weht, treibt er das Wasser mit Heftigkeit herein. Die Felsmassen, welche über dem zum Teil sehr engen schwarzen Wasser hangen, machen die Straße unheimlich und wegen der heftigen Wellenbewegung für Schiffe gefährlich.

Als man sicher war, den westlichen Ausgang erreicht, die Straße also wirklich gefunden zu haben, verkündeten Kanonenschüsse der Mannschaft das freudige Ereignis; das Vorgebirge, an welchem vorbei die Straße in den Großen Ocean mündet, nannte man das „ersehnte" (capo Deseado; jetzt cap pillar, Pfeilerkap). Magelhäes fuhr nun nicht sofort westwärts, sondern folgte, nach Norden steuernd, der Küste Südamerikas bis zum

37°; dann erst wendete er sich nach Nordwest und fuhr über den Großen Ocean, den er wegen seiner Ruhe den Stillen (pacifico) nannte. Ungefähr auf dem 10. Grad südlicher Breite erreichte er die jetzt zu Australien gerechnete Inselwelt zwischen den Paumotu= und den Markesasinseln und rastete einige Tage auf einem wüsten Eilande. Als man weiter fuhr, geriet man in eine Bedrängnis, welche sich leicht zum Untergange der Welt= umsegler hätte gestalten können. Die Fahrt schien kein Ende nehmen zu wollen; die Lebensmittel gingen zur Neige, die übriggebliebenen waren zum Teil verdorben. Die Mannschaft weichte bereits Leder auf, um es genießbar zu machen. Dazu stellte sich der Skorbut ein und machte die Stimmung vollends unheimlich. Am 13. Februar 1521 erreichte Magelhães den Äquator und steuerte nun nordwestwärts mitten zwischen dem Mar= schall= und Gilbertarchipel, etwa unter dem 12°, hindurch, fuhr dann westlich zu den Labronen, so genannt von ihren biebischen Einwohnern, welche alles stahlen, was sie sahen, sogar ein großes Boot der Spanier; weiter süd= westlich segelnd, stieß er auf die Philippinen. Er landete auf verschiedenen kleinen Inseln und wurde von den Eingeborenen gut aufgenommen; einige ließen sich sogar bereitwillig taufen. Magelhães hatte vor, den Fürsten der Insel Zebu, welcher sich ebenfalls der Taufe unterzogen hatte, zum spanischen Statthalter zu ernennen. — Aber der Fürst einer nur durch einen schmalen Sund von Zebu getrennten Insel, Matan oder Mactan war ihr Name, wollte sich diesen Anordnungen nicht fügen. Der General= kapitän fuhr also hinüber, um ihn dazu zu zwingen, verschmähte aber die Hilfe des Fürsten von Zebu, sondern unternahm es, mit etwa 60 Spaniern sein Vorhaben auszuführen. Als er gelandet war und auf der Insel vor= rückte, fand er sich plötzlich einem viel zahlreicheren Trupp Insulaner gegenüber. Mit einer bei solchen Leuten nicht gewohnten Entschlossenheit hielten sie selbst dem Feuergewehr gegenüber stand und gingen sogar zum Angriffe über. Magelhães, der den Seinen immer voran focht, wurde verwundet; er befahl jetzt den Rückzug. Aber unter dem heftigen Nach= drängen der Feinde hielten die meisten Spanier nicht stand, sondern suchten fliehend das Boot zu erreichen, indem sie ihren Führer im Stiche ließen. Dieser kämpfte wie ein Held gegen die heftig auf ihn einbringenden Insulaner; er stach auch einen mit der Lanze nieder. Aber er war am Arme verwundet worden, daher gelang es ihm nicht mehr, den Degen aus der Scheide zu ziehen. Als er sich damit abmühte, wurde er so ge= troffen, daß er zu Boden fiel. Nun stürzten alle auf ihn und gaben ihm den Tod. Die Leiche lieferten sie nicht aus. So starb der große Mann, ehe er das gesteckte Ziel, die Molukken, erreicht hatte.

Man hat wohl Grund, den Magelhães für den bedeutendsten der Entdecker zu halten. An Ausdauer und heldenmütiger Hingabe an die Erfüllung ihrer Aufgaben mögen ihn andere erreicht haben, an wissen=

schaftlicher Bildung und an Einsicht übertrifft er sie alle. Er stand im blühenden Mannesalter, als ihn so plötzlich der Tod ereilte. Darauf fielen auch die Insulaner, welche sich bisher zu den Fremden freundlich gestellt hatten, von ihnen ab; der Häuptling von Zebu tötete meuchlings 23 Spanier, nachdem er sie zu einem Gastmahle eingeladen hatte. An der Spitze der noch übrigen Mannschaft segelte Carvalho mit den beiden Schiffen Victoria und Trinidad davon, gelangte glücklich nach Borneo und fand hier anfangs günstige Aufnahme. Aber Mißverständnisse führten zu einem Streite mit den Eingeborenen, so daß ihres Bleibens dort nicht länger war. Sie ergriffen die Flucht und erreichten auch glücklich die Molukken. Hier begegneten sie sich mit den Portugiesen, welche von der entgegengesetzten Richtung gekommen waren. Die Spanier handelten nun eine große Menge von Gewürzen ein, um ihre Schiffe damit zu beladen. Aber die Trinidad bewies sich nicht mehr seetüchtig und mußte daher zurück bleiben, um einer gründlichen Ausbesserung unterzogen zu werden.

Mit der Victoria gelangte Kapitän Sebastian Delcano an der Spitze von 47 Spaniern in den Indischen Ocean, fuhr an der afrikanischen Küste entlang, überwand unter furchtbarem Sturme das Kap und gelangte endlich zu den Kapverden, wo ihn die Not zu einer Landung trieb. Die Mannschaft war durch fortwährende Stürme, Mangel an Lebensmitteln und übermenschliche Anstrengung so zusammengeschmolzen, daß nur noch 26 Personen übrig waren. Die Portugiesen, die Herren der Kapverden, benahmen sich so lange freundlich, als sie annahmen, die Spanier kämen von Westen her, aus Amerika; sobald ihnen aber die Wahrheit bekannt wurde, zeigten sie sich in dem Grade feindselig, daß sie die auf dem Lande befindlichen spanischen Matrosen gefangen nahmen. Delcano lichtete also schleunigst die Anker und erreichte glücklich mit 18 Personen am 6. September 1522 den Hafen von St. Lucar, den Magelhães drei Jahre vorher verlassen hatte. Der Kapitän erntete dort die Ehren, um welche ein trauriges Geschick den großen Unternehmer dieser ersten Weltumsegelung gebracht hatte.

Von der Mannschaft der Trinidad haben nur 3 Personen Europa wiedergesehen.

Diese Weltumseglung, die bedeutendste seemännische That dieser bedeutenden Zeit, ist von unermeßlichen Folgen für die Menschheit geworden.

V. Die Nordwest= und Nordostpassage.

Die nordwestliche Durchfahrt.

Nachdem einmal die Frage aufgeworfen war, ob Asien in westlicher Richtung zu erreichen sei, und die Wahrscheinlichkeit immer größer wurde, daß irgendwo ein Weg durch den Körper des neuen Erdteils oder an seinen Enden vorhanden sei, da war es kein Wunder, daß außer Portugiesen und Spaniern sich auch andere seefahrende Nationen an der Lösung der Aufgabe beteiligen mochten. Zu ihnen gehörten besonders die Engländer, deren Seemacht eben in lebhaftem Aufschwunge begriffen war.

Schon die Lage des Landes erheischte es, daß dieses Volk den Weg nach Japan in mehr nördlicher Richtung suchte. Auch hier stellte eine alte Überlieferung die Auffindung neuer Länder in Aussicht; denn wie in der Vorstellung der Südländer eine Insel Atlantis lebte, so war es hier eine Insel Brasil, die irgendwo in nordwestlicher Richtung angetroffen werden müßte.

Es war ebenfalls ein Italiener und zwar ein besonderer Landsmann des Columbus, in dem der Plan, Asien in nordwestlicher Richtung zu erreichen, feste Gestalt annahm; es geschah das um dieselbe Zeit, als jener sich anschickte, den westlichen Weg einzuschlagen.

Giovanni Cabotto (Cabot) begab sich mit seinen drei Söhnen, unter denen Sebastian der bedeutendste war, nach England und regte dort zu Unternehmungen in der von ihm vorgeschlagenen Richtung an. König Heinrich VII. ging auf seine Vorschläge ein und versah ihn mit ausdrücklicher Vollmacht, die nordwestliche Durchfahrt zu suchen.

Im Jahre 1497 verließ Cabot die englische Küste und fand in der That noch in demselben Jahre Land, wahrscheinlich die Halbinsel Labrador. Er hat also in der That das Festland vor Columbus gesehen. Eine zweite Fahrt, welche er unternahm, scheint ebensowenig einen weiteren Erfolg gehabt zu haben, als die Unternehmungen seines Sohnes Sebastian. Ohne bedeutenden Erfolg haben denn auch die Portugiesen nach der nordwestlichen Durchfahrt gesucht; nur soviel steht fest, daß von ihnen die Neufundlandsbank mit ihren reichen Fischgründen entdeckt wurde. Die Nachrichten von diesen Unternehmungen lockten auch französische Schiffe an, ja sie veranlaßten die Krone Frankreich, sich an den Entdeckungsreisen in diesen Breiten zu beteiligen.

Im Auftrage Franz I. machte sich der Florentiner Giovanni bi Verrazzano auf, erreichte auch wirklich das Festland Nordamerikas und untersuchte die Küste von Süden nach Norden. Unseres Wissens hat er zuerst den Hudson gefunden; Rhode Island erhielt von ihm diesen Namen, weil es ihn an Rhodos erinnerte (1524). Da es nun bereits feststand, daß die aufgefundenen Länder einem bisher unbekannten Erdteile angehörten, wurde die Wahrscheinlichkeit immer größer, daß wie im Süden, so auch im Norden eine Durchfahrt vorhanden sein werde. Man dachte sich nämlich Nordamerika so wie Südamerika, in eine Spitze auslaufend, die man schließlich umsegeln könnte, wenn eine Straße nicht vorhanden war. Der Bericht Verrazzanos lieferte auch die erste zuverlässige Beschreibung der Küste der späteren Vereinigten Staaten von Nordamerika. Die Franzosen legten dort eine Hugenottenkolonie und eine Feste an. Von dieser erhielt die Landschaft dem Könige Karl IX. zu Ehren den Namen Karolina. Die Kolonie freilich bestand nicht lange, denn die ketzerischen Kolonisten wurden von den rechtgläubigen Spaniern zur größeren Ehre Gottes niedergemetzelt.

Der Franzose Cartier besuchte dann dieselben Küsten, gewann den Eingang in den Lorenzobusen und umfuhr Neu-Foundland. Auf einer Fahrt drang er in den Lorenzostrom ein, stieg an das Land und erfreute sich von einem Berge aus der Aussicht so sehr, daß er ihn den königlichen Berg (Montroyal; Montreal) nannte. Cartier erhielt auch Nachricht von dem Vorhandensein der großen Lorenzoseen. Nachdem die Franzosen in den Besitz dieser Gebiete gekommen waren, legten sie die Canadischen Kolonien an.

Die Engländer nahmen erst unter der glorreichen Regierung Elisabeths die Versuche, eine nordwestliche Durchfahrt zu finden, mit dem gehörigen Nachdrucke wieder auf und ließen sich durch die Mühseligkeiten und Gefahren nicht schrecken, die ihnen die dort herrschenden dichten Nebel und die Eismassen bereiteten, welche im Winter die engen Straßen versperren, im Sommer aber, zu Bergen aufgetürmt, auf dem Meere umhertreiben. Es waren besonders drei hervorragende Seefahrer, welche die Kenntnis von diesen Küsten und Wasserverbindungen bedeutend erweiterten. Frobisher, Davis und Baffing. Frobisher segelte zunächst nach Grönland, erreichte die Küste von Labrador, und in nordöstlicher Richtung das sogenannte Baffingsland; er fuhr in die Bai ein, die von ihm den Namen erhielt. Den in diesen Gegenden vorkommenden Kupferkies hielt man für Gold und belud damit die Schiffe. Mit einer solchen Ladung und in der irrigen Meinung, er habe die Durchfahrt wirklich gefunden, kehrte er heim. Auch auf einer zweiten Fahrt wurde er von dem Wahne, daß er sich an der asiatischen Küste befinde, nicht befreit, und die Engländer schickten sich an, die vermeintliche Verbindung zwischen den beiden Oceanen in ihren Besitz zu bringen und so zu befestigen, daß sie sie andern Völkern verschließen könnten. Man sprach in England schon von einer nördlichen Magelhāesstraße und war doch in eine Sackgasse geraten. Der Irrtum, daß Frobisher wirklich eine Straße gefunden habe, hat sich übrigens bis zum Jahre 1862 erhalten.

Erheblich weiter brachte es in der Erforschung der Gebiete John Davis. Er fuhr mit den Schiffen „Mondschein" und „Sonnenschein" um Grönland herum, drang in die Straße ein, welche von ihm den Namen erhalten hat und erreichte die Halbinsel Cumberland. Auf einer zweiten Fahrt hatte er gar keinen Erfolg, auf einer dritten aber gelangte er, von der Westküste Grönlands nordwärts steuernd, über den Polarkreis und im offnen Wasser über den 72. Grad hinaus. Damit endeten seine Entdeckungen.

Henri Hudson fuhr im Auftrage der niederländisch-ostindischen Kompagnie. Er steuerte in den Hudsonfluß ein, erforschte den Strom und seine Umgebungen genauer und bewog durch seine Berichte die Holländer, die Kolonie Neu-Amsterdam anzulegen, aus welcher sich die Weltstadt New-York entwickelt hat. Auf einer späteren Fahrt drang er in die ebenfalls nach ihm benannte Straße ein, gelangte in die Hudsonsbai, die er bis zu ihrem Südende, der Jamesbai, verfolgte. Aber die Mühseligkeiten der Überwinterung erzeugten eine Meuterei des Schiffsvolkes. Er hatte den Meuterern gedroht, sie auszusetzen, und nun bereiteten sie ihm dieses furchtbare Schicksal. Sie überfielen ihn im Schlafe, fesselten ihn, seinen Sohn und seine Anhänger und setzten sie in einem kleinen Fahrzeuge aus. Der Anführer der Rotte war ein gewisser Green, der auf diese Weise seinem Wohlthäter dankte, der ihn im eigenen Hause erzogen hatte. Man sandte eine Ausrüstung ab, um die Unglücklichen aufzusuchen, aber man fand keine Spur von ihnen, obgleich man die Küsten der Bai nach allen Richtungen absuchte.

An der Spitze einer ferneren Unternehmung stand William Baffing, ein schon durch Fahrten in diesen nordischen Gewässern erprobter Seemann. Er fuhr ebenfalls in die Hudsonstraße ein, mußte aber von dem Versuche, nordwärts vorzubringen, Abstand nehmen, weil er auf undurchbringliche Eismassen stieß. Er brachte die Überzeugung heim, daß alle Versuche, an dieser Stelle eine Durchfahrt zu finden, vergeblich sein würden, und daß man also an einer anderen einsetzen müßte. Es konnte das nur die Bai sein, die von ihm genannt worden ist. Von dieser aus gelangte er bis über den 77. Grad hinaus. Von den zahlreichen Walfischen, die er hier vorfand, benannte er diese Gewässer. In der Folge wurden die Einfahrten des Smith=Jones=Lancastersundes gefunden. Wäre man in dem letzteren mit aller Kraft vorgedrungen, so hätte man die gesuchte Durchfahrt finden können. Aber es vergingen beinahe zwei Jahrhunderte, ehe man dieses Ziel erreichte. Im allgemeinen ruhten auch die Unternehmungen bis zum Jahre 1818; man begnügte sich damit, in diesen Gewässern dem lohnenden Walfischfange nachzugehen. Erst in diesem Jahrhunderte ist die Verbindung vollständig aufgedeckt, und die Durchfahrt vollführt. Sie geht durch den Lancastersund, den Barrowsund, den Melevillesund, die Bankstraße, endlich durch die Prinz Walesstraße zwischen dem Banks= und Prinz Albert=Lande.

Die nordöstliche Durchfahrt.

Bei dem lebhaften Anteile, welchen alle seefahrenden Völker an der Auffindung einer Verbindung zwischen Ocean und Ocean behufs Abkürzung des Seeweges von Europa nach Asien nahmen, ist es nicht zu verwundern, daß man sie auch in nordöstlicher Richtung, im Norden Europas und Asiens, suchte. Aber von vornherein hemmte den Unternehmungsgeist nicht nur die große Unkenntnis, in welcher, die Russen ausgenommen, die europäischen Völker sich über diese Breiten befanden, sondern auch besonders die Annahme, daß zwischen den Nordküsten Europas und Grönland eine Landverbindung vorhanden sei. Aber wenn auch Forschungsreisen anderer europäischer Völker durch diese Umstände gehemmt wurden, ein örtlicher Verkehr hatte doch in den nördlichen Gewässern längst stattgefunden; der skandinavische Handel hatte seit langer Zeit das Weiße Meer aufgesucht und den Russen war das Karische Meer bekannt.

Eine allgemeine Kunde von jenen Gegenden verbreitete ein Deutscher um die Zeit der Reformation. Sigismund von Herberstein weilte als Gesandter der deutschen Kaiser Maximilian und Karl längere Zeit in Moskau am Hofe des Zaren. Er sammelte hier, was von Kenntnis über die Eismeerküste dort vorhanden war, und teilte das Ergebnis in einem Werke mit. Dadurch gab er eine kräftige Anregung zur weiteren und genaueren Erforschung jener Küsten und Meere. Es bildete sich zunächst in England eine Gesellschaft zu dem Zwecke, unbekannte Länder aufzusuchen, um mit ihnen Handel zu treiben. Sie sandte i. J. 1553 Schiffe aus, um in den nördlichen Meeren ostwärts vorzubringen. Die ersten Unternehmungen freilich verliefen sehr ungünstig; die Schiffe blieben im Eise stecken und gingen, da man mit den Vorsichtsmaßregeln, die für Über=

winterungen im Eife getroffen werden müffen, noch nicht vertraut war, zu Grunde; doch wurde die Dwinamündung erreicht. Chancellor, der an der Spitze einer Unternehmung ftand, wurde in einem Klofter gaftlich aufgenommen auf der Stelle, wo fpäter Archangelsk angelegt wurde. Als der Zar von ihm hörte, lud er ihn zu fich nach Moskau ein. Infolge feiner Berichte und Anregungen wurde eine „Moskowitifche Gefellfchaft" gegründet.

Burrough fetzte darauf die Entdeckungsverfuche fort; mit Hilfe ruffifcher Boote gelangte er zur Petfchoramündung, dann nach Nowaja Semlja und von dort unter fernerer ruffifcher Leitung nach der Waigatfchinfel. Da aber zwangen ihn die Stürme des Karifchen Meeres zur Umkehr. Diefe Unternehmungen hatte Cabot vorbereitet, mit feinem Rate unterftützt und überwacht. Nach feinem Tode ftockten fie; die Engländer begnügten fich damit, das Aufgefundene für den Handel auszubeuten, befonders als auch die Reife Pets und Jakmanns ohne wefentlichen Erfolg verlief. Diefen beiden Männern hat Nordenfkiöld das Zeugnis gegeben, daß fie die erften Nordoftfahrer waren, welche fich ernftlich in das Treibeis wagten, daß fie fich dort mit Entfchloffenheit und Umficht benommen haben und daß ihnen in der Gefchichte der Schiffahrt die Ehre zukommt, die erften Fahrzeuge geführt zu haben, welche vom weftlichen Europa in das Karifche Meer eingedrungen find*).

Die Holländer folgten den Spuren der Engländer in diefen Gewäffern. Nach mehreren kleineren Unternehmungen, die keinen weiteren Fortfchritt in der Erforfchung jener Küften bedeuteten, gelangte Nay in das Karifche Meer; er täufchte fich freilich darin, daß er die Südfpitze desfelben für die Mündung des Ob hielt, aber die Holländer wurden doch durch feine Erfolge, befonders durch die Thatfache, daß er ein offenes Fahrwaffer gefunden hatte, hier fo heimifch und des Erfolges fo ficher, daß fie die zwifchen der Waigatfchinfel und dem Feftlande hindurchführende Straße als „die Naffauftraße", das Karifche Meer als die „Neue Nordfee" bezeichneten, daß fie die Schiffe einer neuen Expedition mit Waren befrachteten, die für den Handel mit Japan und China geeignet fchienen. Nay, der eine fernere Fahrt unternahm, erreichte nichts mehr, weil er zu fpät ausgelaufen war; aber Rijp und Heemskerck entdeckten Spitzbergen, Barends3 umfegelte die Nordfpitze im Eiskap, mußte aber im Eife überwintern. Man baute eine Hütte aus Treibholz und überftand mit heldenmütiger Ausdauer den Winter. Aber auch im Sommer gab das Eis nicht nach, und nun mußte man den Zufluchtsort aufgeben. Barends3 verließ mit feiner Mannfchaft die Hütte und umfuhr auf offenen Booten Nowaja Semlja, um die Petfchoramündung zu erreichen. Aber der tüchtige

---

*) Nordenfktöld, die Umfegelung Afiens und Europas, I. 203. Ruge, S. 525.

Mann erlag mit einem Teile seiner Mannschaft den Mühseligkeiten der Fahrt.

Einen weiteren wesentlichen Erfolg hat man in früheren Jahrhunderten auf diesem Wege nicht errungen. Hudson, welcher 1580 ausgesandt wurde, bemühte sich vergebens, Spitzbergen zu umfahren. Es gelang ihm nicht, zum Ob vorzubringen.

Erst in unserem Jahrhunderte, in den Jahren 1878 und 1879, hat die Vega unter Nordenskiölds Führung die Aufgabe durch Auffindung einer nordöstlichen Durchfahrt ruhmvoll gelöst.

Erst nach Vollendung des Drucks wurde dem Verfasser bekannt, daß auf Grund eines Fundes in den Archiven von Madrid nicht Genua, sondern Savona als die Vaterstadt des Columbus gelten müßte. Wissenschaftlich war die Frage noch nicht entschieden.

Zu den Reisen des Columbus.

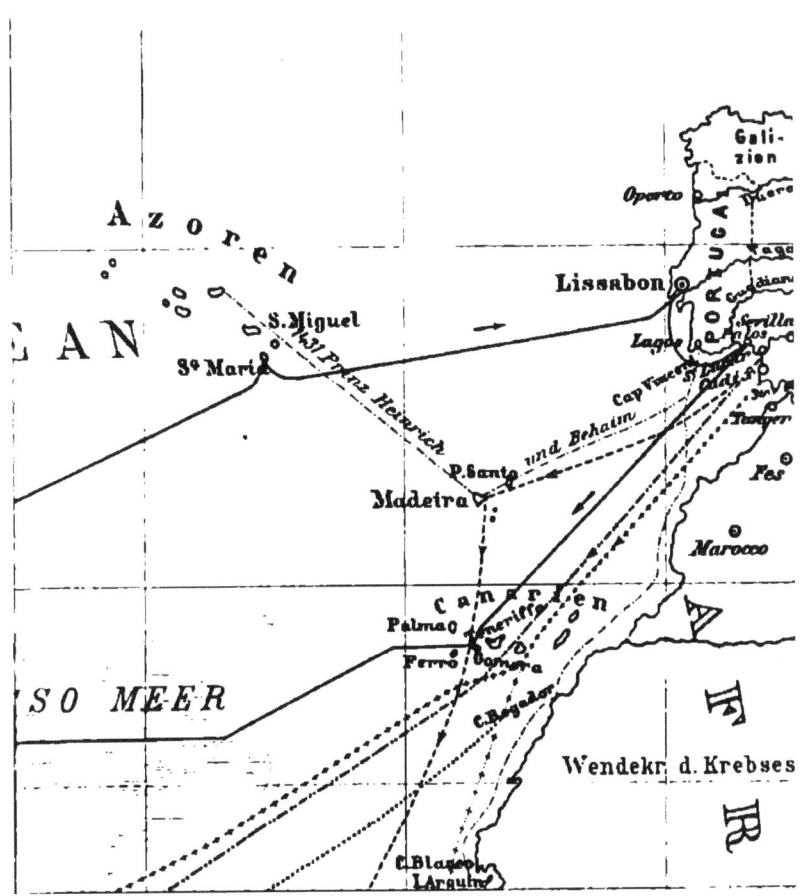